墨香财经学术文库

"十二五"辽宁省重点图书出版规划项目

Research on Product Ranking Based

on Electronic Word-of-Mouth

基于网络口碑的产品排序研究

杨 弦 ◎ 著

东北财经大学出版社　大连
Dongbei University of Finance & Economics Press

图书在版编目（CIP）数据

基于网络口碑的产品排序研究 / 杨弦著. —大连：东北财经大学出版社，2020.10
（墨香财经学术文库）

ISBN 978-7-5654-3736-6

Ⅰ．基… Ⅱ．杨… Ⅲ．产品形象-网络传播-研究 Ⅳ．F273.2

中国版本图书馆CIP数据核字（2019）第297867号

东北财经大学出版社出版发行

　大连市黑石礁尖山街217号　邮政编码　116025

　网　　址：http：//www.dufep.cn

　读者信箱：dufep @ dufe.edu.cn

大连永盛印业有限公司印刷

幅面尺寸：170mm×240mm　字数：114千字　印张：8.25　插页：1
2020年10月第1版　　　　　2020年10月第1次印刷
责任编辑：孙晓梅　王　斌　　责任校对：行　者
封面设计：冀贵收　　　　　　版式设计：钟福建
定价：40.00元

"东北财经大学'双一流'建设项目
高水平学术专著出版资助计划"资助出版

前言

　　随着第二代互联网以及电子商务的发展，电子商务模式从传统的以商家为主导的模式转变为以消费者为主导的社会化模式。在以消费者为主导的模式下，消费者不再被动地接收商家提供的信息，而是通过撰写评论分享他们的购物体验，传播产品口碑。在线评论作为产品网络口碑的一种重要载体，对商家和潜在的消费者都有着重要的作用。然而，海量、多样的评论数据给用户带来了严重的信息过载，使得商家和消费者很难利用纷繁复杂的数据在短时间内做出理性判断。如果能从大量评论数据中挖掘出产品的网络口碑，并基于网络口碑对产品进行排序则可提高他们的决策效率和准确率。

　　为解决这一产品排序问题，本书分别从排序方法和排序数据两个层面展开研究。在方法层面，针对现有产品排序方法信息利用不充分的不足，提出了一种集成多种异构评论数据的产品排序方法，旨在提高产品排序结果的准确性。在数据层面，为使基于网络口碑的产品排序结果更具可靠性，本书对提高评论数量的管理策略进行了研究。首先，分析了已购产品的评论密度，研究结果反映了消费者反馈产品或服务信息的参与度或活跃度，商家可据此制定相应的奖励策略以鼓励更多的消费者在购买产品后去撰写评论，以此来提高用户的参与度。其次，通过产品零售价格对评论数量影响作用的研究，发现了不同零售价格下评论数量的变化规律，这一研究结果为商家制定价格调整策略、刺激消费者改变评论行为提供了科学依据，而更多评论数据的生成，也为基于网络口碑的产品排序提供了充分的数据支持。

本书的主要内容包括：（1）基于异构评论数据的产品排序方法。本书提出了一种可集成多种异构评论数据（包括数字评级、文本评论和对比投票）的产品网络口碑挖掘方法，并基于网络口碑的挖掘结果对产品排序，该方法提高了产品排序结果的准确性。此外，本书还设计了产品排序系统的实现框架并开发了原型系统，展示了该方法在实际应用中的可操作性，为辅助商家及消费者快速且准确地制定决策提供了一个可视化的途径。（2）产品的评论密度及其变化趋势。考虑到较大的评论数量是获得可靠产品排序结果的保障，本书基于构建的评论数量与购买数量的关系模型，对已购产品的评论密度状况进行了细致的研究，给出了不同产品的评论密度情况。（3）价格对评论数量的影响作用。为发现产品价格变化对消费者评论行为的影响作用，本书利用数据解析方法，建立了产品零售价格与评论数量和评论效价的关系模型。这些发现为商家通过价格调整机制改变消费者评论行为提供了客观依据。更多的消费者所撰写的评论是获得可靠产品排序的数据基础。

本书可作为 Web 数据挖掘领域的研究人员教授、想要从事网络口碑管理的电商平台和商家的参考书，也可作为电子商务大数据应用教材，帮助学生掌握进行商务数据分析所需具备的定性与定量相结合的逻辑思维能力、数据分析能力和系统设计能力。

本书可以有两种阅读方式：一是从头到尾阅读；二是选择自己感兴趣的章节跳跃式阅读。前一种方式适合刚接触这一研究领域的本科生和研究生，后一种方式适合对这一研究领域已经有了基本了解并有志于从事这一领域的研究者。

本书能够出版，首先要感谢我的导师党延忠教授、吴江宁教授，在他们的悉心指导下我才能顺利完成本书的写作。其次我还要感谢东北财经大学出版社的编辑对我的帮助。最后感谢我在书中引用著作的作者们，他们的研究成果引领和启发了我的研究和写作。

尽管我始终以严谨、认真的态度对待相关科研项目的研究和本书的撰写，但由于很多研究工作都疏于探索新知，因此书中难免存在不足之处，恳请广大读者批评指正。

著　者

2020 年 6 月

目录

1 绪论

1.1 研究背景

中国互联网络信息中心（CNNIC）发布的第 42 次《中国互联网络发展状况统计报告》显示，截至 2018 年 7 月，中国网民规模达到 8.02 亿人，互联网普及率达 57.7%。其中，网络购物用户规模达到 5.69 亿人，占网民总数的 71.0%，中国现已成为全球最大的网购市场[①]。2006 年后，随着第二代互联网（Web 2.0）的发展，互联网具有了双向交流能力，互联网用户不再被动接收网站提供的信息，而是以参与者身份进行网站内容的创造。用户的参与使得传统的以商家为主导的电子商务模式逐渐转变为以消费者为主导的社会化电子商务（Social E-Com-merce）模式（如图 1-1 所示）。在传统的以商家为主导的电子商务模式下，商家提供产品等相关信息，消费者据此做购买决策。该模式下由于信息不对称，消费者获得信息的渠道单一，仅通过商家单向发布

[①] 中国互联网络信息中心（CNNIC）. 中国互联网络发展状况统计报告 [R]. 北京：CNNIC，2018.

产品介绍和宣传广告了解产品信息，较难了解产品的真实质量和其他消费者的体验情况；对商家而言，其售完产品后也不能获取产品质量的反馈。在新的以消费者为主导的社会化电子商务模式下，绝大多数的在线零售网站（如淘宝、京东商城、亚马逊等）都建立了评论平台，消费者购买产品后可以撰写在线评论，评价产品以及分享购物体验。

（1）传统的以商家为主导的电子商务模式

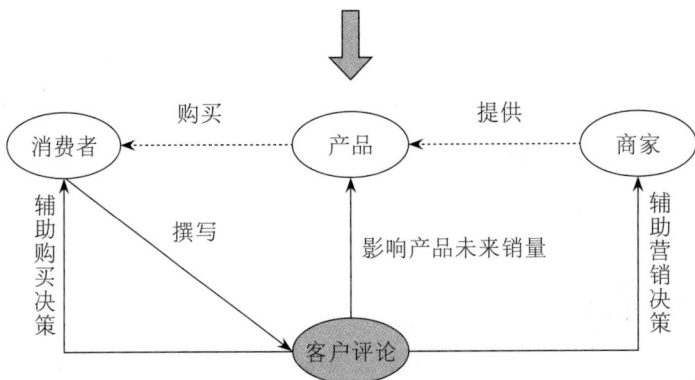

（2）以消费者为主导的社会化电子商务模式

图1-1 电子商务模式的转变

在线评论作为用户生成内容（User Generated Content）是消费者对产品属性、性能等方面根据自身的真实经历和感受依托评论平台所发表的评价。不同于商家生成的产品信息（主要描述产品的各项属性），消费者生成的产品信息更多聚焦于产品被使用后的各种性能表现。在线评论与商家提供的产品信息相比，在消费者群体中具有更高的可信度和感染力[1][2][3]。在线评论现已成为潜在消费者做购买决策时参考的重要信息来源之一，这类数据可帮助消费者了解产品热度和产品质量，最终影响他们的购买意愿[4][5][6]。有调查表明[7]，63%的消费者在线购物时会浏览在线评论，其中，64%的消费者会用10分钟阅读评论，30%的消费者会用30分钟以上的时间来阅读评论。调研公司 Dimensional Research 在 2013 年的一项调查报告显示，近 90% 的消费者认为其他消费者的评论会对他们的购买决策产生影响。在线评论不仅影响消费者群体的购买行为，也会影响商家营销策略的制定。如《哈佛商业评论》上有研究[8]，基于 Yelp 网站评论数据发现，增加一个评分等级，公司的收入可以提高 5%~9%。此外，在线评论也是制造商了解产品缺陷、重新设计和改进产品的有效途径之一。

在线评论作为产品网络口碑的一种载体，包含了用户对产品多方面的评价信息，其重要的研究价值体现在：（1）品牌建设和顾客获取。在线评论作为一种低成本且有效地获取和保留顾客的渠道，对广告起到补充作用，对消费者的购买行为有着重要的影响。但在线评论中表达的产品消极的网络口碑也会很快扩散，潜在地破坏品牌价值。（2）消费者行为预测。电商平台通过积累大量的评论数据，能挖掘出消费者的各种行为。消费者行为是消费者生命周期过程中产生的与商家利益直接相关的行为，如新产品试用、新产品购买、重复购买、客户流失等。通过消费者行为预测与分析，可以对消费者进行分类，为个性化推荐、促销、客户保留服务等提供决策支持。（3）产品开发和质量控制。在线评论能帮助制造商更好地了解消费者对当前产品的反馈，了解自身产品的不足和优势，以及竞争产品的状况，从而精准获取消费者对新产品属性的期待和需求，进而开发和重新设计产品[9]。（4）平台的用户黏性管理。对于电商平台而言，拥有丰富海量的评论数据，会使评论的浏览用户数增加，从而提高了平台网站的用户黏性。

在线评论数据为产品网络口碑的研究提供了一种新的可测量的资源和难得的机遇。同时这些海量的评论数据导致了信息过载，消费者选择产品前不可能看完相关产品全部的评论内容，了解各产品的网络口碑，再做购买决策。商家也很难直观地判断客户对产品的评价，了解产品网络口碑的整体情况。为了帮助消费者和商家更加有效和方便地利用这些数据资源，学者们提出了一些信息技术和数据挖掘方法对在线评论这种数据资源进行挖掘，并对产品进行排序。然而，随着评论数据规模变得越来越大，评论的形式变得复杂多样，海量的、动态变化的、多样的评论数据使得目前的基于网络口碑的产品排序研究面临着巨大的挑战。

1.2 研究对象及关键概念界定

Hennig-Thurau 等[10]在研究中第一次提出了网络口碑（Electronic Word-of-Mouth，eWOM）的概念。他们将网络口碑定义为"潜在的、实际的或以前的消费者通过互联网提供给其他人和机构的，关于产品或企业的任何肯定或否定的陈述"。由于网络口碑在消费者决策过程中具有重要作用，因此关于网络口碑的研究在学术文献、行业报告和出版物中得到了大量的关注。这些年来，网络口碑一直是学术研究人员关注的焦点，不同的在线平台和通信方法提供了更多的研究途径，包括促进网络口碑生成的因素研究[10][14][15][16]、网络口碑对企业的影响研究[17][18][19][20]和对消费者的影响研究[11][21]，还有一些学者研究了网络口碑的可信度以及消费者如何评估网络口碑的可信度[22][23][24]等问题。

网络口碑的概念主要源于传统口碑。传统口碑可理解为"非正式的、非商业性的传播者和接收者之间的关于品牌、产品、组织或服务的沟通"，这个概念最初是在 Arndt（1967）的研究中提出来的，他研究了传统口碑对消费者购买决策的影响[25]。网络口碑作为传统口碑的延伸，在很多方面有其独特的优势。

1.2.1 网络口碑与传统口碑的区别

与传统口碑相比，产品的网络口碑有以下几个特点：

（1）交流效率更高，影响力更大。消费者不受地域因素影响，可以随时随地通过网络交流口碑信息[26][27]。网络口碑具有传统口碑所不具备的强复制性和多次传播性。传统口碑多是在私人圈子中进行传播，传播受众为自己熟识的人群，范围较小；反观网络口碑，传播受众更为广泛，面对陌生人群也能在较大范围内传播，且它的传播速度是传统口碑无法相比的。由于互联网传播信息的快速性和便捷性，消费者在发布和传播自身的消费体验时所花费的时间成本和机会成本都很低，特别是微博、微信等社交媒体的广泛应用更使得消费者可以随时随地通过互联网发布和传播信息，因此网络口碑较之以往在传播的数量上达到了相当庞大的规模。不仅如此，网络信息可以很容易地被复制、引用和转发，这就使得口碑信息可以以几何指数的扩散速度传播到更广的范围。网络口碑传播模式打破了传统的一对一、面对面的模式，这种一对多的模式其传播影响力更大[28][29]。Hanson 指出，网络口碑的传播更为快速和广泛，在线下如果客户不满意，可以告知他的 5 个朋友；在线上如果一个客户不满意，则可以通过网络告知至少 6 000 个与他有社会关系的人[30]。

（2）内容更加客观。评论网站允许不同用户同时提出不同的意见[31][32]。大多数情况下评论者是匿名的，因此发布信息时无论评论者持正面态度还是负面态度都十分乐意提供真实的意见。匿名特性不仅保护了消费者的个人隐私，也使得他们在发布和传播信息时可以没有顾忌地自由发表言论，表达对产品或服务的满意度或是宣泄愤怒的真实感情，同时却不用承受社会舆论的压力。

（3）口碑信息有形化。传统口碑信息一般是以口口相传的形式随传随逝，难以以有形的形式保存下来。而网络口碑可以以多媒体、文字等形式保存下来，提高了口碑的传播时效，强化了它的影响力。相比面对面的语言交流，文字更具逻辑性，而网络口碑是能够有形发布和传播的，它传播的有形性和存储的可读性给研究者提供了极大的研究空间。

（4）商家对口碑的可控性。传统口碑对于商家而言不是直接的决策变量。随着信息技术的发展，商家可通过自建网站有效地发起和公布在线评论。在评论系统设计中，可以引入多种机制对口碑进行管理，如限制参与评论的用户数，规范口碑信息类型，可视化口碑信息等[33][34]。

1.2.2　网络口碑的载体

Web 2.0 的普及使消费者能够通过各种网络平台（如在线零售网站、第三方点评网站、论坛、博客和微信等）发布产品的网络口碑。这些网站的数据是产品网络口碑的主要来源，相关研究都基于这些网站的数据来研究产品的网络口碑（如表1-1所示）。

表1-1　　　　　　　　　　　网络口碑的载体

网络口碑的载体	网站例子	相关研究
论坛	Zapak.com，汽车之家	［36］［37］［38］
博客	Xanga.com，Bogger.com	［39］［40］［41］
社交网络SNS	Facebook.com	［41］
零售网站	亚马逊，淘宝，京东商城	［4］［31］［32］［37］［40］［42］［43］［44］［45］［46］［47］［48］
第三方点评网站	Epinions.com，Shopping.com，中关村在线	［35］［40］［42］［48］［50］［51］［52］［53］［54］［55］

零售网站和第三方点评网站上的在线评论，是产品网络口碑的主要表现形式。相比于其他来源的数据，这两类网站的在线评论数据有以下3个优势：（1）评论数据都出现在网站的评论区，数据量大，相对集中，可获得性强。（2）评论都是消费者针对特定的产品所发表的购后体验，产品针对性较强。（3）评论的表现形式统一。鉴于此，本书也选择具有较强针对性，且语言和形式较统一的零售网站售后评论区和第三方点评网站的在线评论数据，对产品的网络口碑进行研究。

1.2.3　在线评论数据的特征

在线评论数据具有典型的非结构化特征，此外，还具有大数据的特征，如规模大、动态性、多源性和多样性等。

（1）规模大

随着网购的普及，越来越多的消费者选择网上购物，并在购后分享他们的购物体验。截至2018年8月，中国网络购物用户规模达到5.69亿人，中国已成为全球最大的网购市场。仅天猫商城一个平台，其2018年"双11"全天的销售额就达到了2 135亿元。众多消费者在网购的同时，在平台上留下了海量的评论数据。例如，天猫商城华为旗舰店（https：//huaweistore.tmall.com/），其在售的华为P20手机，评论区的在线评论总数有52 000余条，而随着购买人数的增加，评论数量也在不断增长。增加的评论数量给用户带来了更大的阅读障碍。

（2）动态性

在线评论的数量随着时间不断积累，评论的内容也随着时间动态变化。这主要是由于评论受很多其他动态变化的因素影响，如产品价格[13]、广告[12][56]、评论奖励[9][11]等，这些因素会影响消费者的情绪以及他们对产品的态度，进而体现在评论中。

（3）多源性

在线评论的主要来源包括零售网站的售后评论区和第三方点评网站的评论板块。零售网站的售后评论区是指B2C和C2C购物平台如亚马逊、京东商城、当当、淘宝等所提供的评论区。用户在购买前可参考该评论区中其他消费者的意见选购产品，还可在购买产品后针对所购产品和服务进行点评，在该评论区商家也可根据消费者的点评或者提出的问题进行回复或解释。这类平台包含的产品种类众多，评论数量大，评论内容丰富。与零售网站不同，第三方点评网站一般不销售产品，只提供产品信息，注册用户从第三方视角对产品进行评价，这类评论受外界因素如价格、广告等影响较小，相对而言更客观。中关村在线、大众点评网、口碑网等是第三方点评网站的代表，其在线评论越来越受到用户青睐，对购买决策的影响也越来越大。

（4）多样性

在线评论数据类型多样，具有异构和多模态特征。针对天猫商城、京东商城、亚马逊、当当网、中关村在线和太平洋电脑网等重要平台上的评论进行分类分析（如表1-2所示），归纳出评论的主要类型包括以下三种：

一是数字评级。数字评级即星级评价（1~5星），5星表示对产品非常满意，1星表示对产品非常不满意。不同的网站对评分统计形式不一样，如亚马逊显示的是产品平均评分，京东商城和当当网显示的是产品的好评率（4星和5星是好评）。

表1-2 主要平台的评论形式

平台	网站类型	评论形式
天猫商城	零售网站	数字评级（平均评分），文本评论（自由格式）
京东商城	零售网站	数字评级（好评率），文本评论（自由格式）
亚马逊	零售网站	数字评级（平均评分），文本评论（自由格式）
当当网	零售网站	数字评级（好评率），文本评论（自由格式）
中关村在线	第三方点评网站	数字评级（平均评分），文本评论（正面、负面、细节），对比投票
太平洋电脑网	第三方点评网站	数字评级（平均评分），文本评论（正面、负面或自由格式），对比投票

二是文本评论。文本评论内容主要有三种评论形式[56]：①区分正面、负面情感以及细节的评论。评论者被要求独立地描述正面和负面观点，此外，还需给出细节的评论。②区分正面和负面评论情感。评论者被要求独立地描述正面和负面观点，但无须给出独立的细节描述。也就是说，细节已经包含在正面和负面观点中了。③自由格式。评论者可以自由撰写评论，即不区分正面和负面观点。除了上述三种形式，文本评论中还包含很多比较句子，如"这款手机没有A手机质量好"，用以比较不同产品的口碑。

三是对比投票。一些第三方点评网站（如中关村在线、太平洋电脑网等）提供两两产品的对比投票平台，如图1-2所示。用户对产品进行点评时，不仅可以对产品打分和撰写文本评论，还可以随机选取两个产品，对两个产品的口碑进行比较，并给其认为口碑较好的产品投票。这些对比投票数据给产品网络口碑的研究提供了一种新的数据源和数据形式。

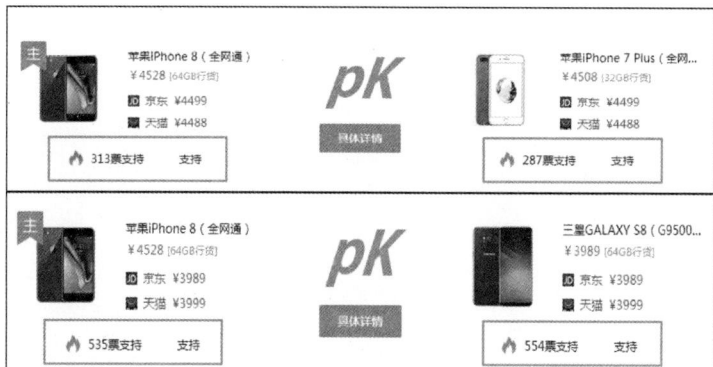

图1-2 手机对比投票示例

1.3 问题提出与研究意义

1.3.1 问题提出

评论数据中蕴含的产品网络口碑是消费者制定购买决策以及商家制定营销策略最重要的依据之一。海量、多种异构的评论给商家和潜在消费者带来了严重的信息过载，使得从评论大数据中获得产品网络口碑变得难上加难，为此本书提出"基于在线评论数据（载体）挖掘产品网络口碑（内容），并基于网络口碑总分值对产品排序"这一问题，如图1-3所示。其中，每个产品都有多种不同类型的在线评论数据，通过从这些数据中直接挖掘出产品的网络口碑，获取产品的网络口碑的量化总分值，并以直观的产品排序形式予以展示。

为了解决这一问题，本书从设计科学的角度[57]，在现有的社会化电子商务模式的基础上，设计了一个网络口碑生成、挖掘和传播模式，提高了目前在线评论系统的有效性，如图1-4所示。该模式不仅可以促进更多的在线评论的生成，同时还克服了评论数据过载给用户带来的决策障碍，用户不用花大量的时间阅读评论，而是基于产品排序结果，快速地评估产品或服务质量，提高决策效率。此外，这一模式还有助于平台传播和推送产品的网络口碑，帮助消费者和商家快速制定正确的决策，增加用户黏性，促进电商行业健康、高效地可持续发展。

数据层   信息层

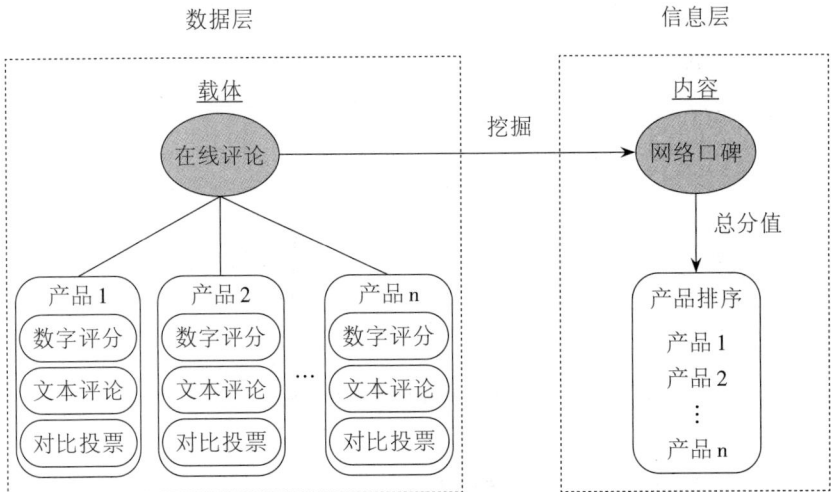

图 1-3　研究问题

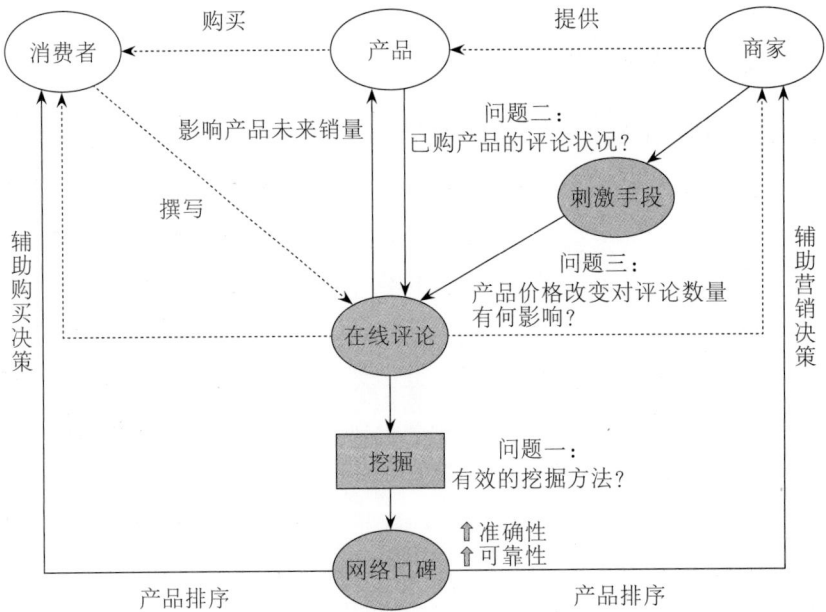

图 1-4　网络口碑生成、挖掘和传播的模式

具体地，本书基于该模式提出了三个研究子问题：

问题一：如何从海量、多种异构评论数据中获得产品网络口碑，并对产品进行排序？网络平台上的产品评论，评论方式往往多种多样，不仅有简单的数字评级，还有同类产品的对比投票，以及能充分反映消费者购后体验的文字评论。从数据层面看，这些评论不仅数量大，结构亦有不同，既有数值型的也有文本型的。从评价主体看，既有对单个产品的评论，也有对产品两两比较的评论。面对评论数量巨大、评论形式多样、评论主体不一等特征，目前的产品排序方法存在信息利用不全、排序效果不佳等局限性，因此必须探索一种新的基于网络口碑的产品排序方法，这是极具挑战性的问题。

产品排序的准确性取决于排序方法的有效性，产品排序的可靠性则取决于评论数量多少。为避免在挖掘过程中由于评论数量较少引起的排序结果偏差问题，有效的做法是提高产品评论密度或通过价格调整提高产品评论数量。

问题二：已购产品的评论状况如何？这是指了解不同产品的评论密度，所谓评论密度，是指消费者群体购买产品后发表评论的总体倾向，即产品评论数量与购买数量的比值。现实情况是，并不是所有购买产品的消费者都会撰写评论，因此，商家会通过一定的评论奖励机制鼓励买了产品的消费者撰写评论。而对于不同的产品，其评论密度不同，评论奖励机制也应该不同。因此，本书探索不同产品在一定购买数量下产品的评论数量是多少，评论密度如何变化。具体研究不同产品评论数量与购买数量的关系，辅助评论奖励机制的制定，提高评论密度。

问题三：产品价格改变对评论数量有何影响？从商家视角来看，希望售出的产品都能从消费者处得到反馈，反馈者越多，反馈信息越丰富，越有利于商家的产品营销。已有研究表明，商家的刺激手段，如产品价格[13]、评论奖励[11]、广告[12]等，都会对消费者的心理产生影响，进而影响他们的购买和评论行为。本书选取价格这一刺激手段，探索产品的价格变化对评论数量的影响作用，辅助产品价格调整，获得更多的评论数量。

上述三个问题的解决使得"基于网络口碑的产品排序"成为可能。问题一是排序方法研究，试图提出一个有效的产品排序方法集成多种异构的评论数据，提高排序结果的准确性。问题二和问题三是对排序数据的研究，分析已购产品的评论密度以及刺激手段对评论的影响，辅助生成更多的评论数据，为问题一提供数据支持，提高产品排序结果的可靠性。

1.3.2 研究意义

随着大数据的产生以及电子商务的发展，基于网络口碑的产品排序研究在市场营销、信息系统、管理科学和计算机科学领域都受到了广泛的关注，本书的研究具有较高的理论意义和实际应用价值。

（1）理论意义

本书提出的集成多种异构评论数据的产品排序方法，扩展了异构数据集成的方法研究，同时也为进一步深入分析产品的网络口碑内容在市场营销中的影响提供方法工具；本书探索消费者的购后评论状况，进行在线评论的关系研究，深入剖析产品的评论密度，以及价格对评论的影响，为促进在线评论数据生成的相关研究提供了定量的科学分析模型和结果，丰富了对消费者购后评论行为的解析和建模的相关研究；此外，设计的网络口碑生成、挖掘和传播模式，扩展了产品网络口碑管理的理论模型，为产品网络口碑的相关研究提供了系统框架。

（2）现实意义

本书关于网络口碑的分析结果，可辅助消费者快速了解产品的网络口碑，做出合理的购买决策，并协助商家认识到产品的竞争地位，了解产品的潜在问题，制定合理的营销策略；本书关于不同产品的评论密度以及价格对评论的影响作用研究结果，可以辅助商家针对不同的产品类型，合理地制定奖励政策和调整刺激手段，刺激消费者撰写评论，最终帮助商家管理好产品的网络口碑，增强产品的口碑效应，提高产品销量；本书设计的网络口碑生成、挖掘和传播的模式，不仅有助于消费者和商家提高决策效率，同时也有助于平台增加用户黏性，最终促进电商行业健康、高效地可持续发展。

1.4 研究内容和本书章节安排

针对第1.3.1节提出的三个问题，本书拟从三个方面开展研究工作，三个内容的逻辑关系如图1-5所示。本书针对基于网络口碑对产品排序这一问题，从排序方法和排序数据两个层面展开研究。内容一是对排序方法的研究，为了获得有效的排序方法，提高产品排序结果的准确性；内容二和内容三是对排序数据的研究，为了获得充足的数据用于排序，保障产品排序结果的可靠性。通过三方面内容的研究，最终可获得准确、可靠的基于网络口碑的产品排序。

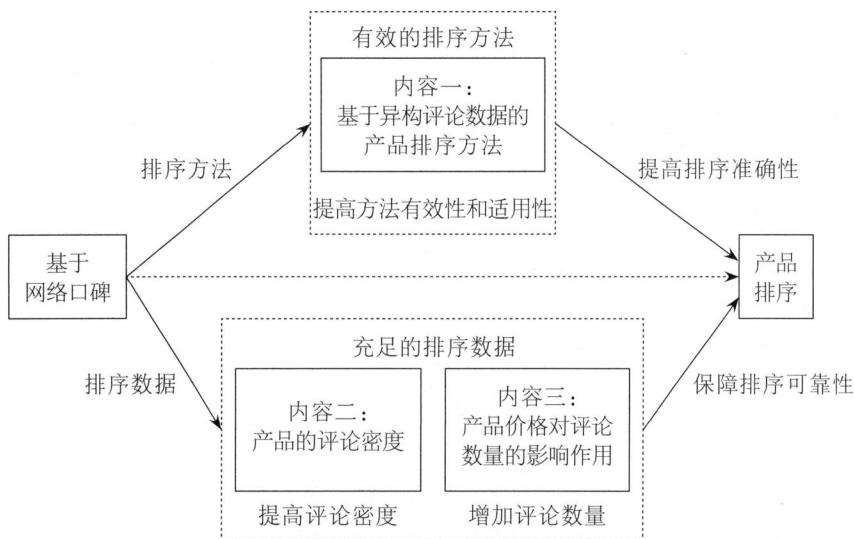

图1-5　研究内容之间的逻辑关系图

内容一：基于异构评论数据的产品排序方法。首先，将多种异构的在线评论数据（如数字评级、文本评论和对比投票）按评论主体分为描述信息和比较信息两类。其次，提出了一个统一的有向加权图模型集成这两类信息。基于图模型，计算产品的网络口碑总分值，并从理论上证明收敛，用迭代算法对总分值进行求解，并基于该分值对产品进行排序。最后，通过从评论网站上收集的真实数据，对提出的方法的有效性进行验证，并基于本书的方法开发了一个基于口碑总分值的产品排序决策支持原型系统。

内容二：产品的评论密度。首先，基于符号回归的方法提出了一个数据驱动的研究思路，构建评论数量与购买数量间的关系模型。其次，从在线零售网站上收集了大量产品的真实数据，利用该方法描述产品评论数量与购买数量的关系模型和相关参数，并基于关系模型提出了两个关系模型选择策略。最后，基于关系模型分析了二者之间的关系，计算不同产品的评论密度，以及评论密度的变化趋势，并依此为商家提供评论奖励政策制定的建议，提高产品评论密度。

内容三：产品价格对评论数量的影响作用。本研究也采用数据驱动的关系模型研究思路，首先，从在线零售网站上收集了大量的真实数据，并采用符号回归方法，利用数据建立评论数量与价格的关系模型和评论效价与价格的关系模型。其次，针对不同的产品类型，分析各关系模型的适用能力和适用范围。最后，基于关系模型分别对不同产品评论数量及效价与价格之间的具体关系进行分析，并为商家提供产品价格调整的管理建议。

本书主要研究内容及章节安排如图1-6所示。各章节的详细安排如下：

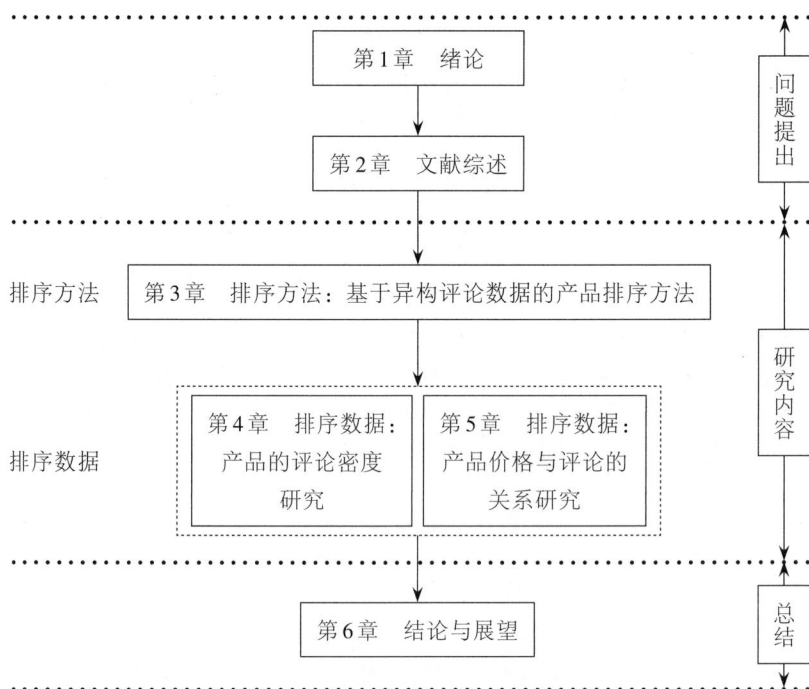

图1-6　本书主要研究内容及章节安排

第1章，绪论。本章介绍了本书的研究背景，对研究对象及关键概念进行了界定，并在此基础上提出了本书的研究问题、研究意义、研究内容和章节安排。

第2章，文献综述。本章分别从基于不同类型评论数据的产品排序方法研究、产品的评论密度研究，以及相关因素对评论的影响研究三个方面对国内外研究现状进行了综述和小结。

第3章，排序方法：基于异构评论数据的产品排序方法。首先，本章基于评论数据，挖掘产品的描述信息和比较信息。其次，提出了一种有向加权图模型集成这两种信息，并计算产品的网络口碑总分值。最后，收集真实数据进行实验，评估了方法的有效性，并开发了一个基于网络口碑的产品排序原型系统。

第4章，排序数据：产品的评论密度研究。本章首先介绍了研究思路和方法。其次通过实验，分析了通用的关系模型，以及不同产品的评论密度及其变化趋势。最后探讨了不同产品的关系模型以及关系模型的选择。

第5章，排序数据：产品价格与评论的关系研究。本章首先介绍了研究思路。其次通过实验，分别分析了不同产品评论数量与价格的关系模型，以及评论效价与价格的关系模型。最后对结果进行了讨论。

第6章，结论与展望。对本研究进行总结，提炼出全书研究的创新点，同时也指出研究中的不足，对未来的研究工作进行展望。

2　文献综述

　　产品网络口碑的来源十分广泛，既可从在线零售网站、第三方点评网站等平台上获得，也可从自媒体如博客、微博、微信公众平台，贴吧、论坛等网络社区获得。本书重点关注电商网站和第三方点评网站上的产品口碑信息，尝试用数据驱动的方法从海量、异构的评论数据中挖掘产品的网络口碑，并基于网络口碑对产品排序。接下来，首先从排序方法入手，介绍基于不同类型评论数据的产品排序方法，然后针对排序数据即评论数据，介绍产品的评论密度以及产品价格对评论数量的影响的相关研究，以期在排序方法层面和排序数据层面对重要文献进行回顾，并对已有研究工作进行总结。

2.1　基于评论数据的产品网络口碑量化方法研究

　　在线评论中关于产品口碑的描述可以分为两种：一种是对单个产品的口碑描述，包括特定产品的数字评级以及文本情感，本书称其为"描述信息"；另一种是对两两产品进行比较时的口碑描述，包括比较句子和对比投票，本书称其为"比较信息"。下面将对基于两种不同评论信息的产品口碑量化方法进行文献回顾。

2.1.1 基于数字评级和评论内容的网络口碑量化方法

已有研究证明数字评级和文本评论均对消费者的购买决策有显著影响。数字评级是客户对产品的整体感觉，常用星级体现，一般分为 5 个星级，这类评价信息的优点是直观、易用。相关研究发现，消费者在有限的时间内面临复杂和丰富的信息时，往往会尝试减少他们的认知努力，更倾向于采用简化策略和启发式方法来制定购买决策[59][48][60]。数字评级作为一种简单的产品评价信息，需要较少的处理工作量，可以用于简化其他的替代方案[61]。有调查发现，在零售网站上搜索产品信息时，20% 的消费者会根据数字评级对产品进行排序[62]。而大量研究也证实了数字评级在一定程度上会影响消费者的购买决策[63][64][65][66][67]。然而，数字评级表达的情感粒度较粗，因此无法细致刻画产品的质量[68]。为深入了解产品的真实状况，用户必须通过阅读详细的文本评论来达到此目的。

文本评论是客户对产品所持意见的具体描述，包含了产品本身之外更丰富的信息，如评论者的感受、经历和情绪等。文本情感挖掘是指通过文本挖掘技术对评论内容情感（如正面、中性或负面情绪）进行识别与分析的过程。不同于数字评级，文本评论表达的意见更细腻、情感更丰富。一些研究已经证实文本情感对消费者的购买决策具有重要影响[69][70][61][67][71][72]。由于文本情感存在于评论内容中，其结构更复杂[73]、语义更丰富，这给用户带来了时间和精力上的额外损耗[63][67]。

数字评级和文本情感尽管在表现形式、信息粒度等方面不同，但在使用方面可以做到顺序互补和内容互补。如可利用数字评级对产品做初判，再基于文本评论做出最终判断。对于数字评级所包含的粗粒度信息，可通过阅读评论内容进行细化。因此，消费者在做购买决策时可综合两类数据进行判断。在实证研究中发现，数字评级是通过文本情感这一中介变量发挥作用的。Hu 等学者的研究表明[61]，数字评级通过文本情感间接影响产品销量，而文本情感对产品销量有直接影响。除扮演的角色不同外，两类评论的重要性也不同。Archak 等学者的研究[69] 发现，文本情感对产品销量有较重要的影响，他们观察到当文本情感被引入到模型中时，数字评级对销量影响的系数绝对值会下降。Wang 等学者[74] 提出了一个一般性的假设，即评论者通过文本情感判断来最终确定数字评级，可以说数字评级是文本情感的综合。

数字评级和文本情感是两种不同类型的评价信息，二者不是对立关系，而是统一互补关系，为减少信息偏差并增强结果的稳健性，研究中应将两类信息集成再对产品口碑进行量化。

2.1.2　基于比较句子和对比投票的网络口碑量化方法

与孤立地评价一个产品的网络口碑相比，一种更有效的形式是直接比较该产品与相似产品[76] [77] 的相对优势或劣势。这种比较信息对于用户评估多个产品之间的口碑，最终选择合适的产品非常有用。这种信息也是商家识别竞争对手、挖掘竞争情报、发现潜在风险等重要的信息来源[78]。

通常，用户可以通过阅读隐含在文本评论中的比较句子来获得产品的相对口碑。比较句子表达了两个或多个产品之间的比较意见，如"手机 X 比手机 Y 好得多"。关于此类研究，Jindal 和 Liu[76] [79] 基于英文语料，用规则的文本挖掘方法和 Naïve Bayes 分类器识别出了比较句子并提取出了比较关系。Xu 等[78] 基于提出的图模型来提取和可视化产品之间的比较关系，用以帮助商家获得更多的竞争情报。基于中文语料，吴晨和韦向峰[80] 在语义块的语句倾向性分析方法的基础上，构建了比较句子自动识别系统和比较句子倾向性自动分析系统。周红照等[81] 基于词义聚类与比较句子的语义分类，运用词典与规则的方法，构建了比较句子识别与比较要素抽取系统。本书总结了一些相关研究（见表 2-1），发现评论中比较句子出现的百分比较低，大量产品不能与其他产品进行比较。此外，即使两两产品之间存在少量比较的关系，但稀疏的比较关系也可能增加偏见或虚假评论的风险。因此，有限的比较句子不能为用户了解产品的相对口碑提供充分的帮助。

表 2-1　　　　　　　相关研究中比较句子的统计数量

相关研究	评论数量（条）	比较句子数量（个）	比较句子的占比（%）
Jindal and Liu[76]	3 165	308	9.73
Jindal and Liu[79]	3 248	279	8.59
Zhang et al.[82]	1 930 550	36 522	1.89
平均	645 654.33	12 369.67	6.74

　　除了从评论中的比较句子获得产品的相对口碑外，一些第三方点评网站（如中关村在线、太平洋电脑网等）还提供了一种对比投票信息用以辅助产品口碑的比较。在它们的平台上，用户可以任意选择两款同类产品进行倾向性投票，得票高者，意味着该产品在用户心目中具有较好的口碑；相反，具有较差口碑的产品其得票数也较少。由于是产品两两比较，因此投票数据只能反映被比较产品的相对口碑，如何基于投票数据获得所有产品的绝对口碑，这一研究尚未有文献涉及。

　　比较句子和对比投票都是对产品之间的相对口碑的评价，为使产品之间建立的比较关系更充分，研究中也应该综合考虑两类信息，对产品网络口碑进行量化。

2.1.3　集成多种评论数据的产品排序方法

　　从前文可知，在线评论包含两种不同类型的信息，即描述信息和比较信息。二者对应的评价主体不同，前者是针对单一产品的口碑描述，后者是对两两产品口碑的比较描述。当对多个产品同时进行评价（排序）时，不仅需要考虑产品自身的描述性口碑，同时还需考虑产品间的比较口碑，以期获得关于口碑的较全面的信息。这里需要解决两个难点问题：一是集成问题：从主体视角来看，描述信息是一维的，比较信息是二维的，采用何种机制、建立何种模型将不同维度的信息进行集成，是难点之一。二是建模问题：如何基于部分产品的比较信息建立模型并求解，并据此获得所有产品的口碑，是难点之二。

　　针对单一产品的描述信息，其优点在于它包含了对单个产品的口碑的详细评价，缺点是在这种描述信息中所有的产品是被孤立评价的。比较信息的优点在于它提供了产品之间相对优势或弱势的比较，但缺点是这种抽象比较是相对关系，无法确定与其比较的产品本身的评价。因此，把描述信息和比较信息结合起来以更好地评估产品网络口碑的总体情况，将是一种很有效的方式。

近年来，相关学者提出可用图模型解决上述两个问题。Zhang 等[83]提出了一种基于文本评论对多个产品进行排序的方法，该方法用图模型集成文本情感信息和评论句子中的比较信息。Li 等[84]通过挖掘评论和社区网站中问答模块的产品对，构建了一个图模型来对多个产品进行排序。Zhang 等[85]将比较句子信息引入到网络分析中，提出了使用产品比较网络对产品进行综合排序。

根据现有文献，本书整理出不同产品排序方法中所用的评论数据种类，见表 2-2。从表中可以发现，现有的方法都是采用了一种或两种评论数据，没有任何一种方法采用了多种评论数据。那么，集成多种评论进行产品的口碑挖掘，其排序效果是否更值得深入研究，这形成了本书的研究动机。

表 2-2 　　　　　　　　　**基于集成信息的产品比较方法**

相关研究	数字评级	文本评论		对比投票	网络口碑比较
		文本情感	比较句子		
Mary 等[86]	√				
Liu 等[87]		√			一对产品
Hu 和 Liu[88]		√			一对产品
Tian 等[89]		√			多个产品
Zhang 等[90]		√			多个产品
Jindal and Liu[76]			√		一对产品
Jindal and Liu[79]			√		一对产品
Xu 等[78]			√		一对产品

续表

相关研究	数字评级	文本评论		对比投票	网络口碑比较
		文本情感	比较句子		
Zhang 等[85]			√		多个产品
Zhang 等[82]		√	√		多个产品
Zhang 等[83]		√	√		多个产品
Li 等[84]		√	√		多个产品
Kong 等[91]		√	√		多个产品
本书的研究	√	√	√	√	多个产品

2.2 产品的评论密度研究

网上购物的消费者，在购物前后，他们的评论行为通常是不一样的。购物前，消费者表现出的是评论浏览与阅读行为；购物后表现出的是评论撰写与发表行为。当前，在学术界，对于评论的研究，也大致沿着这两个方向进行：一是研究评论对产品未来销量的影响；二是研究产品被购买后的评论状况，并试图促进更多的评论数据生成。后者是本书的研究重点。

2.2.1 评论的测量指标

关于在线评论主要有以下几个衡量指标：评论数量（Volume）、评论效价（Valence）、评论差异（Dispersion）和评论密度（Density）。

评论数量，是指产品拥有的评论的总量，其代表了产品的热度。相关研究指出评论数量越多，说明参与产品讨论的消费者越多，这不仅从正面反映了已消费人群的大小，同时还反映了消费者对该产品讨论的热度。产品热度越高，表示消费者传播该产品口碑的热情越高，其结果是其他消费者意识或认知这个产品的可能性越大，从而影响产品的未来销量[67]。大量研究已经发现评论数量对产品销量有显著影响。Chevalier 和 Mayzlin[63]对亚马逊和巴诺（BN.Com）网站上的图书进行了分析，发现评论数量对图书的销量有显著积极的影响。Sun[161]也通过对网上图书销售的分析得到了同样的结论。Liu[67]和 Duan 等[92]分析了电影网站上的评论对电影票房的影响，发现评论数量对电影票房的影响是显著的，评论数量越多电影票房越高。Archak 等[69]和 Gu 等[149]对亚马逊上的电子产品如数码相机进行了研究，证实了评论数量对产品销量的积极影响。Clemons 等[65]发现评论数量会影响啤酒的销量。基于中国的电子商务网站，龚诗阳等[93][94]通过对当当网上 3 200 多万条图书评论的大样本面板数据进行实证分析，发现该网站的评论数量对图书销量有显著的正向影响。石文华等[95]对天猫商城中同一款无线路由器的数据进行研究，发现产品的评论数量对销量有着显著积极的影响。

评论效价，是指评论所表达的情感倾向（一般用情感分值进行量化，分值越高越倾向于积极情感，反之亦然），它是对产品质量的评价[161]。Liu[67]指出积极评价通常会提高其他消费者对该产品质量的预期和满意度，而负面评论可能涉及产品诋毁、谣言或投诉，通常会对消费者关于产品的满意度产生不利影响。之前的研究发现产品的评论效价对产品的未来销量有着显著积极的影响，产品的评论效价越高（即平均数字评分或者文本情感分值越高），产品的未来销量越大。Chevalier 和 Mayzlin[63]基于图书数据的分析，发现评论效价（特指平均数字评分）对产品销量有着显著积极的影响。Archak 等[69]发现除了数字评分，文本评论中的情感对销量也有着显著正向的影响。Hu 等[61]发现评论效价会影响产品销量，但数字评分和文本情感的影响不同，数字评分通过文本评论间接影响着消费者最终的购买决策。Lu 等[96]基于中国某餐饮点评网站上的数据，分析发现评论效价积极影响着餐厅食品的销量。Dellarocas 等[97]和 Archak 等[69]发现可以通过评论数量和评论效价有效地预测产品的未来销量。

评论差异，是指评论数字评级的方差或标准差，表达了消费者评价意见的差异。大量研究发现评论差异是一个测量产品评论的很重要的指标，会影响产品的销量。Sun[161]收集了亚马逊和巴诺上667本图书的数据进行实验，发现当图书的平均数字评级低于4.1分时，该图书的评论差异会影响到销量，样本中35%的图书都会出现该现象。Godes和Mayzlin[152]发现评论差异对电视的收视率有着显著积极的影响，评论的差异越大，评论覆盖的用户群体越多，则电视收视率越高。Martin等[162]对用户进行实验，让他们对一些给定评分的电影进行选择，发现评分差异较大的电影会引发用户的好奇心，从而更能得到用户的青睐。龚诗阳等[93]发现由于评论差异可能会提升消费者对购买风险的感知，或是预示着该产品仅符合一小部分利基市场中消费者的偏好，因此评论差异对销量有负向影响。

评论密度，是指消费者群体购买产品后是否发表评论的总体倾向，表示在一个给定的时间内，某产品评论数量与购买数量的比值。Dellarocas和Narayan[103]第一次提出了评论密度的概念，并指出评论密度是衡量评论刺激手段是否有效的一个重要指标，例如，点击率可以用来测量在线广告的有效性，收视率可以用来测量电视节目的热度。评论密度也可用来测量已购产品的评论状况，并辅助商家根据不同的产品评论密度制定合理的评论奖励政策，刺激更多的消费者购买产品后发表评论。因此，探索不同产品的评论密度分布，以及评论密度的变化趋势有着重要的研究意义。

2.2.2　评论密度计算

现有文献关于评论密度这一概念的直接研究较少，评论密度是产品评论数量与购买数量的比值，大量研究探索了评论数量与购买数量之间的关系。

现有文献发现了购买数量对评论数量有着显著积极的影响。如Duan[92]等研究了电影评论与票房之间的动态关系，发现评论数量与产品销量之间具有动态关系。也就是说，现有的评论会影响消费者决策从而影响未来销量，而现有评论又是在历史销量的影响下产生的，评论与销量之间存在一个正向反馈机制。Yang等[98]通过实证数据，发现体验产品的人数越多，该产品的评论数量越多。因此，购买和体验产品的人数越多，则产生的评论数量越多。但并不是所有人体验产品后都会去发表评论，一定购买数量下会产生多少评论，即评论数量与购买数量之间的具体关系是不明确的。关于二者函数关系的研究能为商家制定相应的奖励机制以刺激更多的消费者在购买产品后去撰写评论，提供定量的高精度模型的选择依据。

目前关于二者函数关系的研究大都根据主观判断，事先假设评论密度是稳定不变的，即评论数量与购买数量间是简单的线性关系，评论数量=a×购买数量。如 Ye 等[99][100] 在研究携程网在线评论的各属性对酒店客房销量的影响时，假定评论数量与历史客房销量之间存在线性关系，且相关系数 a 是个常数，并用评论数量代替历史客房销量做进一步研究。Lee 等[101] 在研究亚马逊网站上产品购买数量的分布时，也假定评论数量与购买数量呈一定比例的线性关系，并用评论数量代替购买数量。王君珺等[102] 用京东商城中手机的在线评论数量代替产品购买数量，进一步研究相关因素对产品在线购买数量的影响。这种主观判断和假设没有被相关研究以完备的数据明确验证过，如果这种线性关系不成立，相关研究结果将会出现测量偏差。

然而，Dellarocas 等[103] 基于电影评论数据发现电影的评论密度（即消费者观看电影后的整体评论倾向性）不是稳定不变的。Shen[104] 等对亚马逊网站销售的图书进行研究发现，那些畅销且获得较多评论的图书，消费者总体的评论倾向会降低，在不同的购买数量下产品的评论密度会有不同。这些研究指出评论数量与购买数量之间可能存在非线性关系。

那么，评论数量与购买数量之间到底为何种关系？其结构模型是什么？这些问题仍值得深入研究。目前的研究存在以下两方面不足：（1）数据的不完备性。之前的相关研究都只有评论数量的数据，没有对应的产品购买数量数据，这使得学者们只能假设替代关系，用公开的评论数据代替隐藏的购买数量数据，常用的方法是事先假定评论数量与购买数量是线性关系模型。（2）预设模型的局限性。通过定性分析假定关系模型，往往受领域知识和认知水平的限制，所构建的模型不能完全刻画评论数量与购买数量间的复杂关系。

2.3　相关因素对评论行为的影响研究

消费者购物后是否撰写评论，以及撰写什么样的评论，该行为受诸多因素影响。本节将从产品特征、消费者的心理因素以及商家的刺激手段三个方面对相关文献进行阐述。

2.3.1　产品特征对评论行为的影响

（1）产品的涉入度水平

产品的涉入度水平是指消费者对产品感知风险的程度，现有的研究已经确定了六种类型感知风险：绩效（Performance）、财务（Financial）、身体（Physical）、社交（Social）、心理（Psychological）和时间（Time）风险[153][163]。一般地，按照风险感知程度，产品可分成高涉入度产品和低涉入度产品两类[153]。高涉入度产品是指感知风险较高的产品，即价格高、功能更复杂的产品。其典型例子是耐用品，例如具有复杂功能、高价格和长寿命的汽车和电子产品。低涉入度产品是指感知风险较低的产品，即价格较低、功能较简单的产品。其典型例子是消耗品，如书籍和食品[149]。涉入度理论认为，产品涉入度会影响消费者在购买产品之前搜索信息的行为[146][147]，对于高涉入度产品消费者会花更多的时间广泛搜索产品信息，例如了解产品的历史价格、口碑情况等，避免决策风险。此外，产品的涉入度水平也会影响消费者购买产品后传播该产品的口碑。如Sundaram等[105]发现高涉入度产品会让消费者感知更重要，因此消费者购买产品后会更愿意传播该产品的口碑。Dichter[148]和Lovett等[16]也提出消费者为了缓解紧张或兴奋的情绪，更愿意对涉入度高的产品撰写评论。

（2）产品的原创性

Gatignon和Xuereb（1997）[165]将产品的原创性定义为消费者或公司对产品的新奇程度。Moldovan与Goldenberg等[164]将原创性定义为消费者感知的产品新颖性或独特性。相比之前的产品，原创新产品是新的、独特的、与之不同的存在。相关研究[167]指出，原创新产品更有可能成为有趣或令人惊讶的话题。同时，消费者对有趣或令人惊讶的话题更感兴趣，从而引起更多的讨论[168]。Moldovan 等[164]通过实证分析，发现产品的原创性对口碑的数量有着显著积极的影响，原创性越高的产品，其获得的口碑数量越多。

（3）产品的品牌特征

Lovett 等[16]研究了产品的品牌特征与口碑的关系。他们构建了一个线上和线下口碑以及600多个最受关注的产品品牌数据集，提出了一个理论框架，指出消费者传播口碑主要有社交动机、情感动机和功能动机三种动机。社交动机主要是指自我提升，表达独立性，交谈的欲望；情感动机是指表达满意度和兴奋；功能动机是指信息需求和信息供应。针对这些动机，该研究提出了以下品牌特征，包括：品牌的年龄（Age）、品牌的商品类型（Type of Good）、品牌的复杂度（Complexity）、品牌的知识（Knowledge）、品牌的差异（Differentiation）、品牌的相关性（Relevance）、品牌的质量（Quality）、品牌的溢价（Premium）、品牌的辨识度（Visibility）、品牌的兴奋度（Excitement）、品牌的满意度（Satisfaction）、品牌的感知风险（Perceived Risk）、品牌的涉入度（Involvement）。实验结果表明，社交动机和功能动机是在线口碑传播的重要影响因素，而情感动机对线下口碑的传播更重要。

2.3.2　消费者的心理因素对评论行为的影响

之前的学者研究了消费者的心理因素对评论的影响，如自我提升，表达满意度，表达对产品的忠诚度等会对评论产生影响。

自我提升（Self-enhanced）是指顾客通过发表评论展示自己的能力，提升地位和形象，它是发布口碑的主要驱动力之一[105]。Lovett 等[16]基于大量产品的真实数据进行实证分析发现自我提升是参与口碑传播的主要社交动机。Wojnicki 和 Godes[106]等也发现，消费者通过发表评论表达自己的专业知识，从而达到自我提升的目的。同时，他们还发现专家更愿意去发表积极的消费体验。Henning-Thurau 等[10]研究发现，人们发布消费者评论以表明社会地位，特别是对于价格较高的奢侈品[16]。

满意度作为一种情感驱动因素也会影响到口碑的传播。Anderson[107] 提出了一个二次模型来研究顾客满意度和口碑之间的关系，他们发现顾客满意度和口碑呈 U 形关系，当顾客非常满意和非常不满意时，他们更愿意去发表口碑。通过二次模型，Dellarocas 等[103] 基于电影消费者评论也发现非常满意或非常不满意与观看电影后是否在线讨论产品有更强的相关性。消费者为了表达对产品的满意度，会以无私和自我提升的动机传播积极的口碑[105]。同时他们为了表达对产品的不满意，则会以向其他人提供建议和帮助他人的动机，传播负面的口碑进行报复。

忠诚度也是影响口碑传播的因素之一。Bowman 和 Narayandas[108] 认为，公司最忠诚的客户希望制造商做得更好，并表现出强烈的参与口碑活动的倾向，因此会出现越忠诚的顾客越愿意传播口碑的现象[157]。

2.3.3 商家的刺激手段对评论行为的影响

相关学者也提出商家的刺激手段，如评论奖励、广告投入和产品价格等会对评论产生影响。

评论奖励是指商家为了刺激消费者发表评论而提供的一种经济奖励。Hennig-Thurau 等[10] 和 Cheung[11] 等通过实证研究发现获得评论奖励是消费者发表评论的主要动机之一，评论奖励越多，消费者越愿意去发表评论。Sun 等[109] 发现社会关联对评论奖励有着调节作用，对于社会关联较少的消费者，用评论奖励去刺激他们发表评论效果更好，而对于社会关联较多的消费者，用评论奖励去刺激他们发表评论效果不明显，因此，商家需要对不同的消费者策略性地实施评论奖励政策。

广告也会影响消费者发表评论。Graham 等[110] 发现广告与网络口碑传播的关系是复杂的，有些产品其广告对产品网络口碑有积极影响，而有些产品其广告对网络口碑的影响是消极的。Feng 等[12] 基于对汽车领域的数据进行实证分析，发现增加广告会降低消费者发表口碑的动机，从而降低在线传播口碑的意愿。

价格作为商家的一种重要营销手段也会对消费者的评论行为产生影响，一些研究探索了价格与消费者评论之间的关系[13][111]。Li 和 Hitt[111]

认为，大多数评价体系中的数字评级可能会受到价格的影响而存在显著偏差，他们基于半对数模型，用数码相机的数据进行实验，发现了数码相机的市场价格（产品的平均交易价）对消费者评论的数字评级具有显著的消极影响。他们还指出商家在基于网络口碑的营销策略中应重点考虑价格的影响。Chen 等[13] 研究了产品的市场价格与评论数量以及评论效价之间的关系。他们发现产品的市场价格（商家指导价）与消费者发表评论的倾向有很大关系。基于二次模型，利用汽车评论数据发现在互联网使用的成熟阶段，汽车的市场价格与评论数量之间呈 U 形关系，而价格与评论效价之间的关系并不显著。

在以上研究中，产品的价格都是市场价格，每个产品的价格是不变的。之前的学者们在整体水平上比较分析了不同产品其评论与市场价格之间的关系（整体层面），但这些研究都没有探索同一个产品其评论与零售价格的变化之间的关系（个体层面）。因此，同一个产品其零售价格提高或降低，与评论的数量和效价的具体关系还不明确。此外，虽然在整体层面上，评论数量与价格存在 U 形关系，评论效价与价格存在半对数关系，但在个体层面上尚且不清楚这些关系是否还有效，以及是否有其他更好的关系模型来描述评论数量与价格，以及评论效价与价格之间的关系。

2.4　研究现状总结

本章针对本书的核心问题"基于异构在线评论数据的网络口碑挖掘"研究，对挖掘的方法（不同类型评论数据的产品口碑挖掘方法）和挖掘的数据（产品的评论密度，相关因素对评论的影响）两个层面对国内外研究现状进行了综述，总结目前的研究还存在以下不足：

（1）目前基于评论数据的网络口碑挖掘方法中，考虑的评论形式只有一种或者两种，忽略了其他评论形式，挖掘效果不好。若考虑更多的异构评论数据，目前还缺少一种更有效的集成多种异构评论数据的方法。

（2）关于产品评论密度研究，目前的研究大都假定产品的评论密度是稳定不变的常数，即评论数量与购买数量是线性关系，但有研究从理论上发现评论数量与购买数量不一定是线性关系，因此二者的关系还不明确。此外，通过定性分析假定关系模型，往往受领域知识和认知水平的限制，所构建的模型不能完全刻画评论数量与购买数量间的复杂关系，这种提前预设模型的方式具有局限性。

（3）在价格这一重要的商家刺激手段对评论的影响研究中，目前的研究只从整体层面探索了产品市场价格与评论的关系，而缺乏从产品个体层面探索同一个产品其零售价格变化与评论的关系的研究。同时，在面对不同的产品，产品零售价格与评论关系可能存在不同时，依据现有的提前假设关系模型的研究思路会掩盖数据中真实的规律，较难高效地从数据海洋中发现完整的知识。

3 排序方法：基于异构评论数据的产品排序方法

3.1 异构评论数据问题描述

面对大量的在线评论，消费者和商家很难通过阅读全部评论来评判产品的口碑。在线评论不仅数量大，其表现形式亦多种多样，不仅有简单的数字评级，还有充分反映消费者购后体验的文字评论，以及同类产品的对比投票。

目前，一些电商网站仅用简单的指标如"评分"即平均数字评级（如图 3-1 所示）作为口碑对产品进行排序，这一做法的弊端是忽略了以其他形式存在的产品评价信息，信息利用不全，具有片面性，因此，较难反映产品的真实口碑。

而以文本形式存在的评论，不仅包含了对产品的情感评价，还包含了该产品与其他产品的比较评价。关于文本评论，一类研究是从文本评论中抽取意见词，通过量化的情感获得用户对该产品口碑的评价[88] [86] [156]；

图3-1　基于平均数字评级的产品排序

还有一类研究是从文本中抽取出比较句子，通过分析产品之间的比较关系，判别产品的口碑[76][78][79]。然而文本评论中的比较句子较少，很多产品之间不能建立比较关系。

在第三方点评网站（如中关村在线等）中，还提供一种产品对比投票信息，即用户对同类产品进行两两投票的数据。这类数据同样反映了用户对产品口碑的判断，因此需在产品口碑建模时予以考虑。

数字评级、文本评论和对比投票这三类评论数据，从数据层面看，结构存在明显不同，既有数值型的（数字评级、对比投票），也有文本型的（文本评论）。从评价主体看，既有对单个产品的评价（数字评级和文本评论中的文本情感）这种一维的产品口碑描述信息，也有对产品两两比较的评价（对比投票和文本评论中的比较句子）这种二维的产品之间的口碑比较信息。

这些异构的评论数据对潜在消费者制定购买决策以及商家制定营销策略造成了极大的困难，一方面无法在短时间内依据大量的数据进行合理判断；另一方面无法在大脑中集成各种类型的数据形成综合判断。鉴于此，本章提出基于异构评论大数据的产品排序方法，通过计算出的口碑量化总分值，对产品进行排序，用以辅助消费者和商家高效地制定正确的决策。

接下来，第3.2节介绍了研究框架，挖掘描述信息和比较信息的方法；第3.3节提出了一个有向加权图模型用以集成异构信息，据此量化产品的网络口碑，然后基于计算出的口碑总分值对产品进行排序；第3.4节详细介绍了数据获取及预处理过程，分析了所提方法的有效性和适用性，开发了一个产品排序决策支持（原型）系统。

3.2 研究框架和信息挖掘

为集成数字评级、文本评论和对比投票这些异构评论数据，本章提出了一个新的基于网络口碑的产品排序方法，用图模型对这些异构信息进行集成，总体框架如图3-2所示。首先，通过爬虫程序从中关村在线上收集产品评论数据，其中包括三种类型的评论数据：数字评级、文本评论和对比投票。通过挖掘文本评论，获得文本情感和比较句子。然后，将这些评论信息分为描述信息和比较信息两种。描述信息是指对单个产品口碑的描述，由数字评级和文本评论中的文本情感组成。比较信息是指对两两产品口碑的比较，由比较句子和对比投票组成。最后，用有向加权图模型对两种信息进行表示，其中节点表示产品的描述口碑，边表示产品之间的比较口碑。基于所提方法，可计算出产品的网络口碑总分值，并对产品进行排序，辅助消费者和商家对产品进行综合评价，以做出合理的购买或营销决策。

3.2.1 描述信息挖掘

本书将数值评级和文本情感统称为描述信息，因为它们都描述了一个单一实体（产品）的评价。命名描述信息是为了将其与比较信息区分开来，后者侧重于两两产品之间的比较。

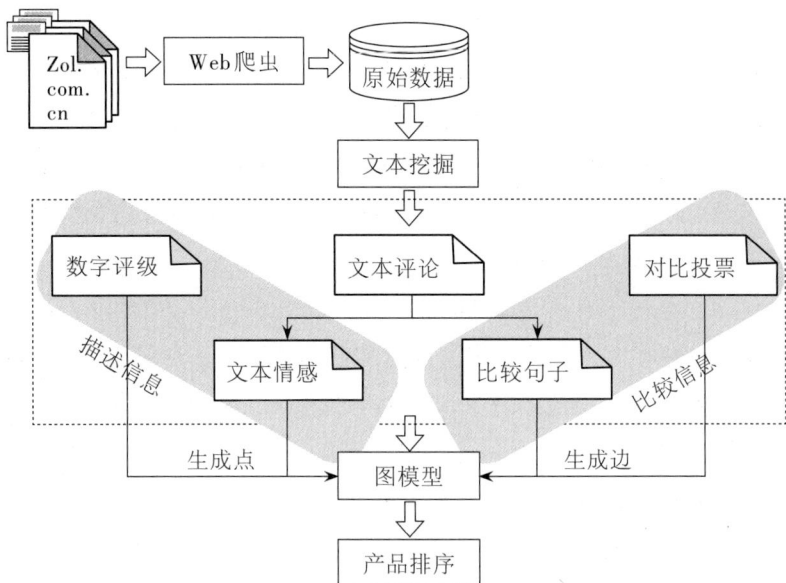

图3-2　集成异构评论信息的产品排序方法框架

（1）文本情感

之前的学者研究了评论的情感分类方法 [112] [113] [114] [115] [116]，他们一般把文本内容中表达的情感分为消极、积极和中立三类。HowNet 提供了针对中文文本的情感词典，即标记了情感极性的单词和短语列表，其中包括 4 566 个积极词和 4 370 个消极词。首先利用中科院分词工具（ICTCLAS）来对文本评论进行分词和词性标注，并基于情感词典对标注出来的形容词极性情感进行分类。其次，分别计算每个产品文本评论中积极和消极情感词的总数量。最后，对积极和消极的情感词分别分配极性值 1 和−1，计算文本评论的情感分值。例如，产品 i 在时间 t（表示为 P_{it}）的文本评论（表示为 TR_{it}），对其包含的情感词进行标注 $TR_{it}=\{tr_{it1}，tr_{it2}，\cdots，tr_{itn}\}$。$T\_Score（P_{it}）$ 表示 P_{it} 的文本情感分值，计算公式如下：

$$T\_Score（P_{it}）= \frac{PO_{it}（TR_{it}）- NO_{it}（TR_{it}）}{PO_{it}（TR_{it}）+ NO_{it}（TR_{it}）} \tag{3.1}$$

其中，PO_{it} 是产品 i 在时间 t 的所有文本评论中出现的积极情感词的数量，而 NO_{it} 是消极情感词的数量。

为了验证该方法的有效性，本书从收集的评论数据集中随机选取了

500个产品评论，并指派三个自愿注释者手动对文本情感进行标注。注释者将文本评论中的情感词标注为积极和消极两类，如至少两个人达成了一致的意见，则该结果可选为最终的标注结果。最后，得到了手动标注的448个积极和267个消极情感词组成的标准数据集。基于人工标注的结果对自动情感分类技术的性能进行评估，自动标注方法的精度和召回率分别为81.83%和88.81%。

此外，本书还测试了自动的方法计算的文本情感分值的准确性，评估其是否反映了文本评论中表达的真实情感。让三个注释者阅读500个评论的样本，并根据他们对文本评论中的积极或消极评价来评分（1~5分）。计算本书方法得出的文本情感分值与三个注释者标注的平均文本情感分值之间的Pearson相关系数为0.707。

（2）数字评级

除了文本内容中隐含的描述信息分值之外，另一种形式的描述信息分值可以较容易地获得，即数字评级。产品i在时间t的一组数字评级，可表示为$NR_{it} = \{nr_{it1}, nr_{it2}, \cdots, nr_{itm}\}$，$R\_Score(P_{it})$表示$P_{it}$的平均数字评级，其计算公式如下：

$$R\_Score(P_{it}) = \frac{\sum_{j=1}^{m} rate(nr_{itj})}{m} \tag{3.2}$$

其中，$rate(nr_{itj}) \in \{r_{min}, \cdots, r_{max}\}$是离散的数值，其取值范围在$r_{min}$和$r_{max}$之间。大多数评论网站中的数字评级为1~5星，即$r_{min}=1$且$r_{max}=5$。其中1星评级表示极度不满意，5星评级表示极度满意。

为了使文本情感分值T_Score（取值范围是[-1，1]）与平均数字评级R_Score（取值范围是[1，5]）集成，本书将T_Score的取值范围也映射到[1，5]。例如，最初获得的T_Score值是x=-0.5，则转化为范围为[1，5]的值可通过f（x）= 2x+3 = 2计算得到。对于没有评论的产品，情感分值将默认设置为3。函数f（x）可根据最小-最大归一化公式计算：

$$f(x) = \frac{x - min}{max - min}(new\_max - new\_min) + new\_min \tag{3.3}$$

其中，min和max是自变量x的原始最小值和最大值。最小-最大标准化将 f（x）映射到新的范围［new_min，new_max］。因此，当值的范围为［1，5］时，可以将等式（3.3）重写为本书应用的函数 f（x）= 2x+3=2。除了 min-max 标准化之外，还有一些其他数据规范化方法，例如 z-score 标准化和 Decimal Scaling 小数定标标准化等[117]。然而，相比其他标准化方法，min-max 标准化在保留原始数据值之间关系中表现最优[21]，且这种映射方式在相关研究中也被采纳[61]。

Score（P_{it}）表示 P_{it} 的总描述分值，通过集成 T_Score（P_{it}）和 R_Score（P_{it}），可计算 P_{it} 的总描述分值 Score（P_{it}）：

$$\text{Score}(P_{it}) = \alpha \text{T\_Score}(P_{it}) + (1-\alpha)\text{R\_Score}(P_{it}) \tag{3.4}$$

其中，$\alpha \in$（0，1）是调节因子，以平衡 T_Score 和 R_Score 的影响。

3.2.2　比较信息挖掘

（1）比较句子

比较句子可通过比较关键词，句子语义和句子结构[119][118]以及模糊语言学[120]来识别。本书通过比较关键词列表中的关键词识别对文本评论进行标注，并识别出比较句子。一条包含了两个产品 P_i 和 P_j 的比较句子，可定义为 S = {s_1，s_2，…，s_k，…，s_h}，比较句子 $s_k \in S$ 中抽取的比较关系可由一个四元组表示：

$$\text{T\_Relation}_{ij}(s_k) = (P_i, P_j, \text{Vote}^T_k(P_i|P_i, P_j), \text{Vote}^T_k(P_j|P_i, P_j))$$

如果在比较句子 s_k 表达的比较关系中，产品 P_i 比 P_j 更好，则 Vote^T_k（$P_i|P_i$，P_j）等于 1；否则，为 0。例如，比较句子 s_k="手机 A 没有手机 B 好"，则相应的四元组 T_Relation_{ij}（s_k）可以写为（A，B，0，1）。当考虑所有比较句子时，则产品 P_i 与 P_j 的比较关系可表示为 Vote^T（$P_i|P_i$，P_j）：

$$\text{Vote}^T(P_i|P_i, P_j) = \sum_{k=1}^{h} \text{Vote}^T_k(P_i|P_i, P_j) \tag{3.5}$$

邀请注释者手动标注 500 条评论样本中的比较句子，最后有 10 个句子被人工标注。经测试本书采用的自动比较句子的标注方法精确度和召回率分别为 72.73% 和 80%。

（2）对比投票

对比投票中的比较关系也可用四元组表示：

$V\_Relation_{ij}=(P_i，P_j，Vote^V(P_i|P_i，P_j)，Vote^V(P_j|P_i，P_j))$

其中，$Vote^V(P_i|P_i，P_j)$ 表示与产品 P_j 比，产品 P_i 得到的投票数。一般地，对于一些具有详细体验或感受的产品，用户才会主动在文本评论中撰写比较句子表达产品之间的比较，因此比较句子更侧重于局部产品的比较。而商家提供的对比投票平台，可引导消费者对任意两两同类的产品进行比较，大量候选产品之间更容易产生比较关系，因此对比投票包含了全局产品的比较。集成 T_Relation 和 V_Relation 这两种信息，能更全面地描述不同产品之间的比较关系，因此，将两类比较信息进行集成的总比较信息组合关系可表示为：

$Relation_{ij}=(P_i，P_j，Vote(P_i|P_i，P_j)，Vote(P_j|P_i，P_j))$

其中 $Vote(P_i|P_i，P_j)$ 是 P_i 相比于 P_j 得到的总票数，计算公式如下：

$$Vote(P_i|P_i,P_j)=\begin{cases} \dfrac{Vote^T(P_i|P_i,P_j)+Vote^V(P_i|P_i,P_j)}{Vote^T(P_i|P_i,P_j)+Vote^V(P_i|P_i,P_j)+Vote^T(P_j|P_i,P_j)+Vote^V(P_j|P_i,P_j)}, i\neq j, Vote^T(P_i|P_i,P_j)\neq 0 \\ \qquad\qquad or\ Vote^V(P_i|P_i,P_j)\neq 0\ or\ Vote^T(P_j|P_i,P_j)\neq 0\ or\ Vote^V(P_j|P_i,P_j)\neq 0 \\ \dfrac{1}{2}, i\neq j, Vote^T(P_i|P_i,P_j)=0, Vote^V(P_i|P_i,P_j)=0, Vote^T(P_j|P_i,P_j)=0, Vote^V(P_j|P_i,P_j)=0 \\ 0, i=j \end{cases} \tag{3.6}$$

对于没有任何比较句子和对比投票的两两产品，为了避免分母为0，每个产品得到的票数默认都为1票。

3.3　基于图模型的异构信息集成

在上一节分析的基础上，本书提出了一个有向加权的图模型集成描述信息和比较信息，基于该模型计算产品网络口碑的总分值，并对产品进行排序。

3.3.1　有向加权图模型

通过有向加权的图模型对描述信息和比较信息进行集成。图模型形式上可定义为 $G=(V，E，W^V，W^E)$，其中 V 是节点的集合，E 是有向边的集合（即节点的有序对），W^V 表示节点的权重，W^E 表示有向边的权重。节点 P_i 的权重可由 Score（P_i）标准化计算得出：

$$W^V(P_i) = \frac{Score(P_i)}{\sum_{k=1}^{n} Score(P_k)} \tag{3.7}$$

从 P_j 到 P_i 的有向边上的权重也可通过 Vote（$P_i|P_i$，P_j）标准化计算得出：

$$W^E(P_i|P_i,P_j) = \frac{Vote(P_i|P_i,P_j)}{\sum_{l=1}^{n} Vote(P_l|P_l,P_j)} \tag{3.8}$$

其中，n是比较关系中所有产品的总数，P_l是指与产品 P_j 具有比较关系的产品。

下面用一个简单的例子来说明如何构建有向加权的图模型过程。假设对5个产品（P_1，P_2，P_3，P_4，P_5）进行排序，平均数字评级、文本情感和投票数量见表3-1。通过公式（3.4）和公式（3.6），可以计算表3-2中的描述分值和投票。通过公式（3.7）和公式（3.8）计算节点和有向边的权重。例如，节点 P_1 的权重是 W^V（P_1）=3.5/（3.5+3.0+3.5+4.1+3.5）= 0.199，从 P_2 到 P_1 的边的权重是 W^E（$P_1|P_1$，P_2）=0.647/（0.647+0.579+0.750+0.538）= 0.257。通过计算的权重值，可以构建5个产品的有向加权图，如图3-3所示。

表3-1 　　　　　　　　　　5个产品的评分和投票的数量

P_i	P_1	P_2	P_3	P_4	P_5
T_Score（P_i）	3.6	2.8	3.4	3.8	3.7
R_Score（P_i）	3.4	3.2	3.6	4.4	3.3
Vote^T（$P_1|P_1$，P_i）	0	6	6	8	3
Vote^T（$P_2|P_2$，P_i）	4	0	5	1	5
Vote^T（$P_3|P_3$，P_i）	2	7	0	9	5
Vote^T（$P_4|P_4$，P_i）	6	1	6	0	2
Vote^T（$P_5|P_5$，P_i）	7	3	10	4	0
Vote^V（$P_1|P_1$，P_i）	0	5	1	2	1
Vote^V（$P_2|P_2$，P_i）	2	0	3	0	1
Vote^V（$P_3|P_3$，P_i）	3	4	0	4	2
Vote^V（$P_4|P_4$，P_i）	2	2	3	0	1
Vote^V（$P_5|P_5$，P_i）	2	4	2	1	0

表3-2   5个产品的描述分值和投票

P_i	P_1	P_2	P_3	P_4	P_5
Score（P_i）	3.5	3.0	3.5	4.1	3.5
Vote（$P_1|P_1$，P_i）	0	0.647	0.583	0.556	0.308
Vote（$P_2|P_2$，P_i）	0.353	0	0.421	0.250	0.462
Vote（$P_3|P_3$，P_i）	0.417	0.579	0	0.591	0.368
Vote（$P_4|P_4$，P_i）	0.444	0.750	0.409	0	0.375
Vote（$P_5|P_5$，P_i）	0.692	0.538	0.632	0.625	0

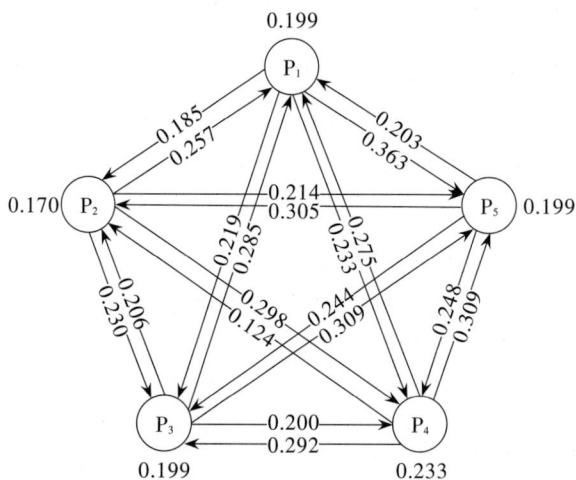

图3-3   5个产品的有向加权图

3.3.2 网络口碑总分值计算

基于有向加权图，可以计算每一个产品的网络口碑总分值，并对产品进行排序。每个产品的网络口碑包含两个要素：从单个产品描述评分中得到的描述性口碑，以及与其他产品比较中得到的比较口碑。

产品P_i的网络口碑总分值的计算有三个原则：

（1）如果产品的描述分值越高（即 Score（P_i）分值越高），网络口碑总分值越高。

（2）如果产品 P_i 比其他产品获得的投票越多，则产品 P_i 的网络口碑总分值越高。

（3）如果产品 P_i 获得的相对票数比网络口碑总分值较高的产品 P_j 还多，则 P_i 的网络口碑总分值更高。

基于以上分析，产品 P_i 的网络口碑总分值 W_Score（P_i）可通过以下公式计算：

$$W\_Score(P_i) = (1 - \beta)W^V(P_i) + \beta W\_Score^C(P_i) \tag{3.9}$$

其中，$\beta \in (0, 1)$ 是调节因子，平衡 $W^V(P_i)$ 和 $W\_Score^C(P_i)$ 的影响，而 $W\_Score^C(P_i)$ 的计算公式为：

$$W\_Score^C(P_i) = \sum_{j=1}^{n} W\_Score(P_j)W^E(P_i|P_i, P_j) \tag{3.10}$$

在这两个公式中，$W^V(P_i)$ 表示产品 P_i 的网络口碑描述分值，而 $W\_Score^C(P_i)$ 表示产品的网络口碑比较分值。将公式（3.10）代入公式（3.9）中，网络口碑总分值 W_Score（P_i）的计算公式可改为：

$$W\_Score(P_i) = (1 - \beta)W^V(P_i) + \beta \sum_{j=1}^{n} W\_Score(P_j)W^E(P_i|P_i, P_j) \tag{3.11}$$

3.3.3 基于口碑总分值的产品排序生成

产品排序的生成可转化为一个矩阵特征向量的计算。公式（3.11）可表示为以下矩阵计算：

$$W\_Score = (1 - \beta)W^V + \beta A W\_Score \tag{3.12}$$

其中，W_Score= [W_Score（P_1），W_Score（P_2），…，W_Score（P_n）]^T，A 是一个 n×n 比较关系邻接矩阵：

$$A = \begin{pmatrix} 0 & W^E(P_1|P_1, P_2) & \cdots & W^E(P_1|P_1, P_n) \\ W^E(P_2|P_2, P_1) & 0 & \cdots & W^E(P_2|P_2, P_n) \\ \vdots & \vdots & & \vdots \\ W^E(P_n|P_n, P_1) & W^E(P_n|P_n, P_2) & \cdots & 0 \end{pmatrix}$$

假设 $\sum_{i=1}^{n} W\_Score(P_i) = 1$，则公式（3.12）可表示为 W_Score= BW_Score，且 $B = (1 - \beta)W^V e^T + \beta A$。

证明：假设 $\sum\limits_{i=1}^{n} \text{W\_Score}(P_i) = 1$，则有：

$$\begin{aligned}
\text{W\_Score} &= (1-\beta)\,W^V + \beta A\,\text{W\_Score} \\
&= (1-\beta)\,W^V e^T\text{W\_Score} + \beta A\,\text{W\_Score} \\
&= \left[(1-\beta)\,W^V e^T + \beta A\right]\text{W\_Score} \\
&= B\,\text{W\_Score}
\end{aligned}$$

其中，$B = (1-\beta)\,W^V e^T + \beta A$。因此，$\text{W\_Score}$ 是矩阵 B 的特征向量，且各元素的和为 1。

通过马尔科夫链的各态遍历定理[120]，能得到以下结果：

矩阵 B^T 是一个不可约的（矩阵表示的有向图中的两个点，若存在一条从一个节点到另一个节点的路径，则该矩阵是不可约的），非周期的（矩阵表示的有向图中，如果不存在一个大于 1 的整数 k，使得一个节点到另一个节点的路径长度是 k 的整数倍，则矩阵是非周期的），以及随机转移的（一个随机矩阵的每一行数据都是非负实数且该行数据之和为 1）矩阵，W_Score_k 将收敛于一个静态随机分布 $\boldsymbol{\pi}$，即 $\lim\limits_{k \to \infty} \text{W\_Score}_k = \boldsymbol{\pi}$。

证明：首先，由于 $W^V(P_i) > 0$ 以及 $a_{ij} \geq 0$，$i, j = 1, \cdots, n$，可知 $B_{ij} = (1-\beta)\,W^V(P_i) + \beta a_{ij} > 0$，以及 $B^T_{ij} > 0$。正的转移矩阵是不可约和非周期的，可以证明 B^T 是一个不可约和非周期的矩阵。

其次，

$$\begin{aligned}
\sum_{i=1}^{n} B_{ij} &= \sum_{i=1}^{n}\left[(1-\beta)\,W^V e^T + \beta A_{ij}\right] \\
&= (1-\beta)\sum_{i=1}^{n} W^V + \beta \sum_{i=1}^{n} A_{ij} \\
&= (1-\beta)\sum_{i=1}^{n} \frac{\text{Score}(P_i)}{\sum\limits_{k=1}^{n}\text{Score}(P_k)} + \beta \sum_{i=1}^{n} A_{ij}
\end{aligned}$$

其中，$\sum\limits_{k=1}^{n}\text{Score}(P_k) = \text{Score}(P_1) + \text{Score}(P_2) + \cdots + \text{Score}(P_n)$ 是一个常数。给定 $c = \sum\limits_{k=1}^{n}\text{Score}(P_k)$，则：

$$\sum_{i=1}^{n} \frac{\text{Score}(P_i)}{\sum\limits_{k=1}^{n}\text{Score}(P_k)} = \sum_{i=1}^{n} \frac{\text{Score}(P_i)}{c} = \frac{1}{c}\sum_{i=1}^{n}\text{Score}(P_i) = \frac{1}{c} \cdot c = 1$$

同理，$\sum_{i=1}^{n} A_{ij} = \sum_{i=1}^{n-1} \dfrac{W^E(P_i|P_i,P_j)}{\sum_{l=1}^{n-1} W^E(P_l|P_i,P_j)} = 1$

因此，$\sum_{j=1}^{n} B_{ij}^T = (1-\beta) \cdot 1 + \beta \cdot 1 = 1$，$B^T$ 是一个随机矩阵，W_Score_k 将收敛于一个静态随机分布。

最后，可以通过迭代算法计算产品的网络口碑总分值，并以此对产品进行排序。排序算法的伪代码如图3-4所示。

算法 3.1：产品排序 （W^v，A，β）

输入：点权 W^v，对比关系的链接矩阵 A，调节系数 β

输出：产品排序列表 P_List （Product_Name，Order）

1. $W\_Score_0 \leftarrow W^v$;

2. $k \leftarrow 1$;

3. repeat;

4. $W\_Score_k \leftarrow \beta W^v + (1-\beta) A W\_Score_{k-1}$;

5. $k \leftarrow k+1$;

6. until $\| W\_Score_k - W\_Score_{k+1} \| < \varepsilon$;

7. 排序列表 = Sort （W_Score_k）;

8. 输出 P_List。

图3-4　排序算法的伪代码

3.4　实验及结果分析

3.4.1　数据获取及预处理

一般而言，产品可分为纵向差异化和横向差异化两类[122][123]。纵向差异化产品是指产品之间的质量可以很容易做纵向比较，并且可以比较出哪个产品质量更好，如手机和数码相机等电子产品。而横向差异化产品是指质量很难客观比较的产品，如书籍和食品等。由于消费者的品味和对产品的偏好不同，很难说哪个产品更好。本书选择"手机"作为研究对象，是由于手机作为电子产品，是典型的纵向差异化产品，其销量在电子产品消费市场中相对较高。此外，手机种类下有很多在售的品牌，市场竞争激烈。本书收集的数据主要来自于第三方评论网站中关村在线。选择该网站有以下几个原因：

首先，它是中国最大的电子产品的第三方评论网站之一。与零售网站提供的评论相比，第三方评论网站提供的在线评论内容更客观和全面，可信度更高[124][149]。一些研究表明，第三方消费者评论网站比零售网站的产品评论对产品的销售影响更大[149]。其次，中关村在线是一个非常受欢迎的电子产品专业评论网站，截止到2015年，其拥有4 000多万注册用户和1.5亿多的每日访问量。此外，该网站提供了大量的评论数据，并且几乎每对产品之间都提供了对比投票这种新型的比较信息。由于中关村在线提供了丰富的产品评论信息，该网站的数据也被一些其他相关研究所采用[48][50]。

本书从该网站中随机选择了96个手机产品，并收集了这些产品连续10天（2014年5月）的数字评级、文本评论和对比投票数据。

首先，从文本评论中提取文本情感和比较句子。然后，分别通过数字评级和文本情感计算产品的R_Score和T_Score。表3-3中描述了数据的统计结果。其中，对比投票的数量为139 641，远远大于比较句子的数量310。96个产品的比较句子和对比投票的数量如图3-5和图3-6所示，由图可知每个产品都有1 000条以上的对比投票，而仅有34个产品拥有比较句子，比较句子的数量远远少于对比投票的数量。

表3-3 评论数据的统计结果

	数量	范围	均值（方差）
在线评论	23 488		
积极的情感词	20 659		
消极的情感词	14 805		
比较句子	310		
对比投票	139 641		
R_Score	96	[2.100, 4.800]	3.748（0.436）
T_Score	96	[1.190, 4.200]	3.249（0.432）

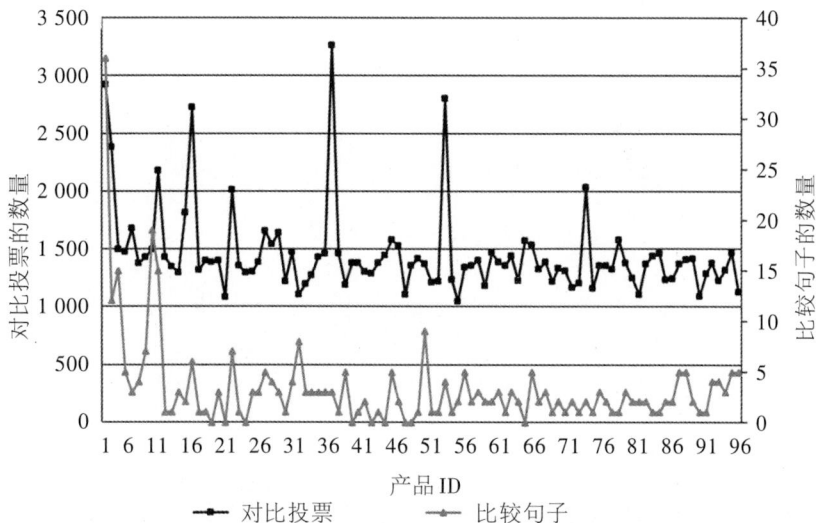

图 3-5　单个产品比较句子和对比投票的数量

3.4.2　方法评估和扩展性研究

（1）方法评估

网络口碑对产品销量有着显著影响[125][63][149]。一些研究使用产品的销量排名作为衡量产品网络口碑排名性能的指标[90][85]，本书也采用这种方法。对于每种产品，中国电子商务网站（如京东商城）按降序提供销量排名，其中排名为 1 表示最畅销的产品。我们用产品网络口碑排名与其在京东商城的销量排名之间的相关性来衡量网络口碑排名方法的性能。Spearman 等级相关系数可以评估两个排名之间的相关性，其公式为：

$$\rho \left(\overrightarrow{R_{x_i}} - \overrightarrow{R_{y_i}} \right) = 1 - \frac{6 \sum_{i=1}^{n} (R_{x_i} - R_{y_i})^2}{n(n^2 - 1)} \tag{3.13}$$

其中，$\overrightarrow{R_{x_i}}$ 表示本书方法得到的产品排名，$\overrightarrow{R_{y_i}}$ 表示基于销量的产品排名。相关系数 ρ 越接近 1 表示本书计算的基于网络口碑的产品排名与京东商城的基于销量的产品排名等级相关性越高。

与本书研究最相关的方法有 Zhang 和 Guo 的产品比较网络（简称为 Z＆G 的方法）[85]，以及 Zhang 和 Narayanan 的产品比较图模型（简称为

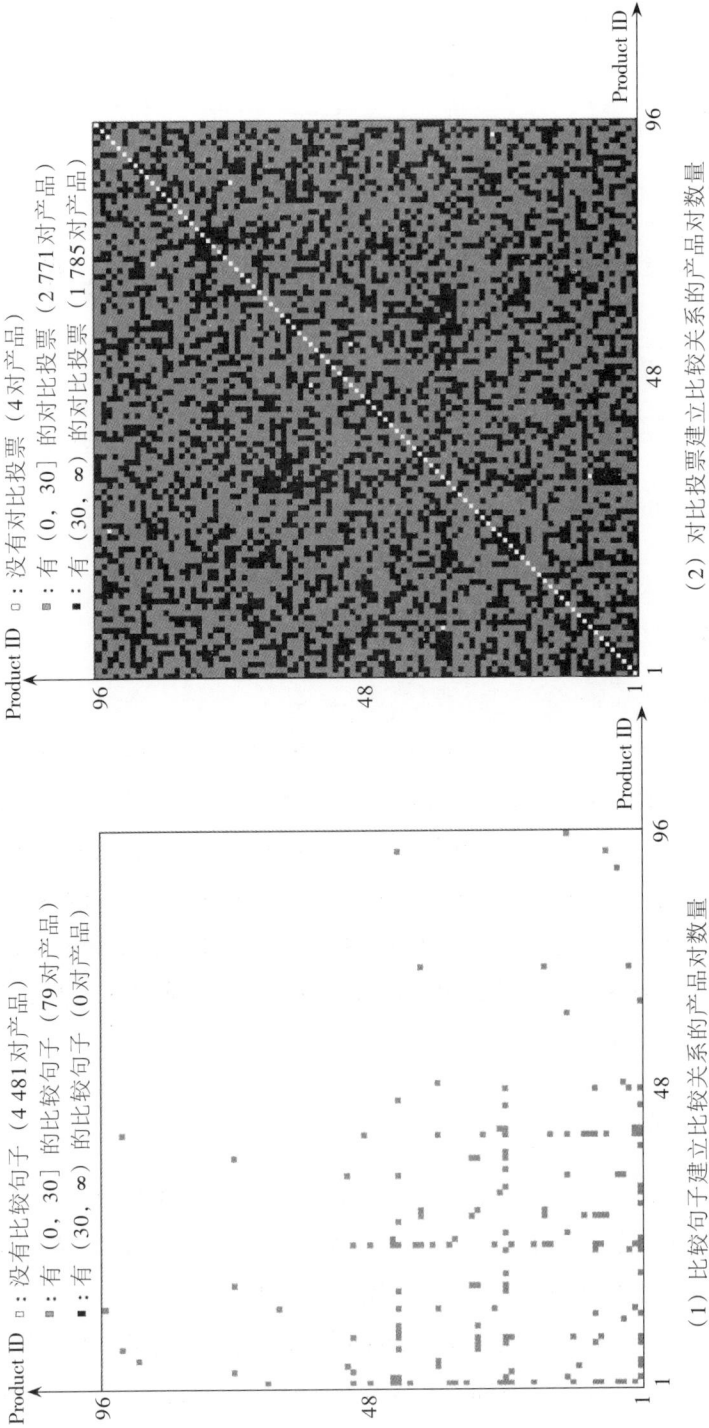

Product ID □: 没有对比投票（4 对产品）
■: 有（0, 30]的对比投票（2 771 对产品）
■: 有（30, ∞）的对比投票（1 785 对产品）

（2）对比投票建立比较关系的产品对数量

Product ID □: 没有比较句子（4 481 对产品）
■: 有（0, 30]的比较句子（79 对产品）
■: 有（30, ∞）的比较句子（0 对产品）

（1）比较句子建立比较关系的产品对数量

图 3-6　两两产品之间比较句子和对比投票的数量

Z & N 的方法）[82] [83]。Z & G 的方法和 Z & N 的方法都受到 PageRank 算法的启发[126]。虽然本书的方法也基于图形结构，但本书的方法和上述两种方法之间存在一些明显的差异。

在 Z & G 的方法中，引入了有向和加权的边，表明两个产品之间存在比较关系，并且每条边的权重是根据比较句子计算的。但是，在他们提出的图模型中每个节点都没有权重[85]。简而言之，Z & G 的方法只使用比较句子，而忽略了其他有用的信息，如数字评级、文本情感和对比投票。然而，消费者评论中的比较句子数据非常稀疏。在本书收集的96 种产品中，只有 34 个产品有（少量）比较句子，而其他 62 个产品没有一条比较句子。因此，用 Z & G 的方法计算的产品排名中只有 34 种产品有排名，其他产品都将没有排名。

在 Z & N 的方法中，提出要同时考虑节点和边的权重[82] [83]对产品进行排序，该方法在其他的一些研究中被引用[84] [91]。但所有这些研究中都只使用两种类型的评论信息：文本情感和比较句子，分别对应于图模型中的节点和边。

此外，Z & N 的方法中的边权和节权的定义也与本书不同。在他们的图模型中，如果在产品 P_i 的评论中存在与产品 P_j 比较的比较句子，则将存在从 P_i 指向 P_j 的边。如果比较句子中的积极情感和消极情感的数量分别是 Npcs 和 Nncs，则边上的权重表示为 Npcs/Nncs。而节点的权重，是积极情感（Nps）和消极情感（Nns）的数量的比值，即 Nps/Nns[82]。相反，本书分别综合考虑了节点和边上的描述信息和比较信息。首先，无论一个比较句子是描述产品 P_i 还是产品 P_j，都被认为是比较信息。这种一般性能够减少对每种产品评论的潜在偏差，且能更容易地与对比投票信息进行整合。对于节点，本书不是直接考虑整个文本，而是从评论句子中识别更详细的情感词，作为本书研究中的描述性信息。此外，本书还将数字评级引入描述信息中。最后，本书提出了一个全联通的有向加权图集成两种异构信息，证明了网络口碑总分值的收敛性，并通过迭代算法对其进行计算。

本书的方法得到的实验结果与四种其他不同的方法进行了比较，见表 3-4。

表3-4　基于不同方法的手机产品排序与销量排序的相关性分析

时间	M&N	T&L	Z&G	Z&N	本书方法		
	R	T	S	T+S	T+S	R+T+S	R+T+S+V
Day1	0.33***	0.28**	0.13	0.27**	0.25*	0.34***	0.57***
Day2	0.33***	0.29**	0.13	0.28**	0.28**	0.32**	0.59***
Day3	0.34***	0.28**	0.09	0.27**	0.27**	0.29**	0.58***
Day4	0.33***	0.25*	0.09	0.25*	0.29**	0.28**	0.56***
Day5	0.32***	0.26*	0.09	0.27**	0.25*	0.29**	0.54***
Day6	0.28**	0.23*	0.15	0.22*	0.27**	0.33**	0.54***
Day7	0.24*	0.21*	0.15	0.21*	0.31**	0.35***	0.54***
Day8	0.24*	0.21*	0.15	0.21*	0.25*	0.31**	0.52***
Day9	0.24*	0.21*	0.15	0.21*	0.30**	0.27**	0.58***
Day10	0.27**	0.27**	0.11	0.27**	0.25*	0.24*	0.54***
平均	0.29	0.25	0.13	0.25	0.27	0.30	0.56

显著性水平：*表示 $p<0.05$；**表示 $p<0.01$；***表示 $p<0.001$。共有96种手机产品。

第一种方法是用平均数字评级对产品进行排名。Mary等人基于平均数字评级对产品的质量进行排名，并证明了这种方法优于其他几种考察产品综合质量指标的方法[86]。本书将该方法表示为M&N的方法，其结果对应于表3-4中的第2列。该方法的优点在于简单，方便潜在客户在搜索时获得产品的总体评价[62]。其缺点是无法揭示产品的真实质量[68]。由于数字评级（1~5星）的粒度有限，因此无法区分产品之间评论的不同，并进行深入比较，许多产品会共享相同的平均数字评级。例如，在本书研究的96个手机产品中，只有21个不同的平均数字评级来衡量所有这些产品。然而不同产品即使有相同的平均数字评级，其背后的真实质量的评估也可能彼此不同，因此，基于平均数字评级难以产生有效的产品排名。

第二种方法是基于文本情感对产品进行排名。Liu 等从文本评论中提取产品特征以及意见，并对两两产品之间的产品特征进行比较[88][86]。Tian 等扩展了该方法的应用范围，并基于产品特征的情感对多种产品进行排名[89]。本书将这种基于文本情感（T）的排名方法表示为 T&L 的方法，其结果对应于表3-4中的第3列。该方法的优点是文本情感提供了更加丰富的信息，其情感更细粒，对于生成产品排名更有用。其缺点是只描述了单个产品的评价[72]，无法充分评估产品之间的相对优势或劣势，不能基于不同产品之间的关系对所有产品进行排名。

第三种方法是基于比较句子对产品进行排名。Zhang 等提出了一种基于比较句子（S）的产品排序方法[85]，表示为 Z&G 的方法，其结果对应于表3-4中的第4列。比较句子的优点是直接比较产品与类似产品的相对优势或劣势，更有说服力[76][78][77]。其缺点是评论中的比较句子数量非常少[76][79][82]。可用的比较句子数量有限，极大地限制了它们对所有产品提供充分的比较信息或综合排名的普适性。此外，在 Z&G 的方法[85]中，产品比较图模型中的每个节点都没有权重，这将忽略其他有用的信息，如数字评级和文本情感等。

第四种方法是通过结合文本评论中的文本情感和比较句子对产品进行排名。Zhang 等[83]在提出的产品比较图模型中，考虑了点和边的权重，方法表示为 Z&N 的方法，其结果对应于表3-4中的第5列。在该方法中，两种类型的信息，文本情感和比较句子（T+S）分别对应于图模型中的点和边。该方法的优点在于它提供了一种有向加权图模型集成文本情感和比较句子的解决方案。其缺点是由于比较句子的不足，组合仍然无法为大多数产品建立足够的比较关系。另外，对于图模型中的边和点的比较信息和描述信息考虑得不够全面，这可能导致对每个特定产品的评价存在潜在偏差，从而降低排名效果。该方法不能直接用迭代算法对口碑分值进行求解。

在表3-4中，第6~8列是本书提出的方法的性能结果。缩写 T、S、R 和 V 表示所使用的信息分别来自文本情感（T）、比较句子（S）、数字评级（R）和对比投票（V）。基于表3-4的结果可以得到以下几个结论：

①基于本书的方法，当使用多种信息 R+T+S+V 时，得到的产品排名与销量排名的平均相关性系数是 0.556，是 Z&N 的方法结果的2倍。此外，当使用相同的信息，即 T+S 时，本书的方法也比 Z&N 的方法略好（结果大约高10%）。

②基于本书的方法，当使用信息 R+T+S 时得到的平均相关性系数（0.30）大于只使用信息 T+S 的平均相关性系数（0.27）。该结果表明，数字评级 R 是一种影响客户购买决策的重要因素，因此，在构建产品排名模型时不应忽略数字评级数据。比较表3-4中第2列和第3~6列也可得出相似结论。然而，由于许多产品被赋予相同的评级分数，难以对不同的产品进行区分，因此，数字评级的效果存在局限性，而通过集成其他类型的信息可以解决这个问题。

③在所有排序方法中，本书提出的方法使用多种信息 R+T+S+V 时，获得产品排名效果最好。其中对比投票 V 添加到比较信息中，性能得到了显著改善（对比第8列和第7列），证明了采用这种新形式的评论信息对产品网络口碑排序的重要性。

④单独考虑 S 的方法得到的结果最差，这主要是由于评论中嵌入的比较句子数量非常稀疏。在本书收集的96种产品中，只有34种产品有少量的比较句子，其他62种产品没有比较句子，则不能进行产品比较，因此降低了产品排序的效果。

此外，用户决策时一般不会去比较该产品种类下的所有产品，而是会先基于产品的属性对产品进行筛选[77]，例如价格范围。大量研究指出价格对消费者购买产品有重大影响，价格较低的产品会受到更多消费者的青睐[69][149]。在购买产品之前，消费者倾向于首先设定价格范围，然后在价格范围内比较产品的网络口碑。因此，本书对产品按价格区间进行了划分，并分析了不同价格范围的产品排序，结果见表3-5至表3-8。从表中可知，本书的方法使用所有的信息 R+T+S+V 得到的结果最好，且无论产品的价格范围是多少，该方法都可以稳定地提供令人满意的排名结果。

表3-5　　价格区间为［0，1 000）的产品排序与销量排序的

相关性分析

时间	M&N	T&L	Z&G	Z&N	本书方法		
	R	T	S	T+S	T+S	R+T+S	R+T+S+V
Day1	0.44**	0.37*	—	0.36*	0.37*	0.42*	0.50**
Day2	0.44**	0.37*	—	0.37*	0.38*	0.41*	0.50**
Day3	0.45**	0.36*	—	0.37*	0.38*	0.41*	0.50**
Day4	0.43**	0.30	—	0.30	0.34*	0.38*	0.47**
Day5	0.43**	0.32	—	0.31	0.37*	0.36*	0.46**
Day6	0.24	0.21	—	0.18	0.33*	0.50**	0.46**
Day7	0.16	0.14	—	0.13	0.18	0.33	0.49**
Day8	0.16	0.15	—	0.14	0.35*	0.52***	0.49**
Day9	0.16	0.14	—	0.13	0.20	0.30	0.52***
Day10	0.31	0.25	—	0.25	0.30	0.40*	0.56***
平均	0.322	0.26	—	0.25	0.32	0.40	0.49

显著性水平：*表示 ρ<0.05；**表示 ρ<0.01；***表示 ρ<0.001。该价格区间内共有35种手机产品。

表3-6　　价格区间为［1 000，2 000）的产品排序与销量排序的

相关性分析

时间	M&N	T&L	Z&G	Z&N	本书方法		
	R	T	S	T+S	T+S	R+T+S	R+T+S+V
Day1	0.51**	0.35	0.03	0.34	0.35	0.57***	0.84***
Day2	0.51**	0.36*	0.03	0.35	0.37*	0.57***	0.85***
Day3	0.51**	0.37*	0.01	0.36*	0.37*	0.60***	0.83***
Day4	0.51**	0.33	0.02	0.32	0.37*	0.59***	0.84***
Day5	0.46**	0.34	0.03	0.336	0.24	0.63***	0.77***
Day6	0.39*	0.39*	0.03	0.37*	0.41*	0.60***	0.70***
Day7	0.30	0.36*	0.03	0.35	0.40*	0.61***	0.74***
Day8	0.30	0.37*	0.03	0.37*	0.42*	0.60***	0.73***
Day9	0.30	0.37*	0.03	0.36*	0.23	0.67***	0.74***
Day10	0.32	0.30	0.03	0.29	0.42*	0.63***	0.82***
平均	0.41	0.35	0.03	0.34	0.36	0.61	0.79

显著性水平：*表示 ρ<0.05；**表示 ρ<0.01；***表示 ρ<0.001。该价格区间内共有31种手机产品。

表3-7　价格区间为〔2 000，3 000）的产品排序与销量排序的
相关性分析

时间	M&N	T&L	Z&G	Z&N	本书方法		
	R	T	S	T+S	T+S	R+T+S	R+T+S+V
Day1	0.41	0.41	0.26	0.47	0.43	0.48*	0.74***
Day2	0.40	0.41	0.26	0.47	0.43	0.49*	0.73***
Day3	0.45	0.36	0.244	0.41	0.48*	0.46	0.71***
Day4	0.44	0.30	0.25	0.41	0.40	0.46	0.73***
Day5	0.44	0.34	0.22	0.37	0.42	0.45	0.67**
Day6	0.47*	0.32	0.26	0.36	0.39	0.42	0.64**
Day7	0.47*	0.32	0.26	0.36	0.39	0.42	0.64**
Day8	0.44	0.32	0.26	0.36	0.39	0.42	0.64**
Day9	0.44	0.30	0.26	0.32	0.39	0.43	0.65**
Day10	0.43	0.26	0.47	0.36	0.45	0.45	0.67**
平均	0.44	0.33	0.27	0.39	0.42	0.45	0.68

　　显著性水平：*表示 $p<0.05$；**表示 $p<0.01$；***表示 $p<0.001$。该价格区间内共有
18种手机产品。

表3-8　价格大于3 000的产品排序与销量排序的相关性分析

时间	M&N	T&L	Z&G	Z&N	本书方法		
	R	T	S	T+S	T+S	R+T+S	R+T+S+V
Day1	0.28	0.31	—	0.25	0.29	0.55	0.62*
Day2	0.28	0.39	—	0.32	0.43	0.63*	0.62*
Day3	0.27	0.39	—	0.42	0.57	0.63*	0.65*
Day4	0.23	0.58*	—	0.55	0.65*	0.63*	0.77**
Day5	0.27	0.59*	—	0.55	0.65*	0.63*	0.77**
Day6	0.25	0.51	—	0.54	0.62*	0.64*	0.76**
Day7	0.25	0.51	—	0.54	0.62*	0.64*	0.76**
Day8	0.30	0.43	—	0.54	0.62*	0.64*	0.72**
Day9	0.30	0.43	—	0.54	0.62*	0.64*	0.72**
Day10	0.21	0.56	—	0.50	0.68*	0.55	0.74**
平均	0.27	0.47	—	0.47	0.58	0.62	0.71

　　显著性水平：*表示 $p<0.05$；**表示 $p<0.01$；***表示 $p<0.001$。该价格区间内共有
12种手机产品。

本章的一个重要贡献是，引入了更多的比较信息来对多个产品排序，其有效性须通过更多的实验进行验证。以下设计了五个实验场景，其中 x 轴是随机选择的与其他产品有比较关系的产品数量。每个实验重复10次，统计结果如图3-7所示。

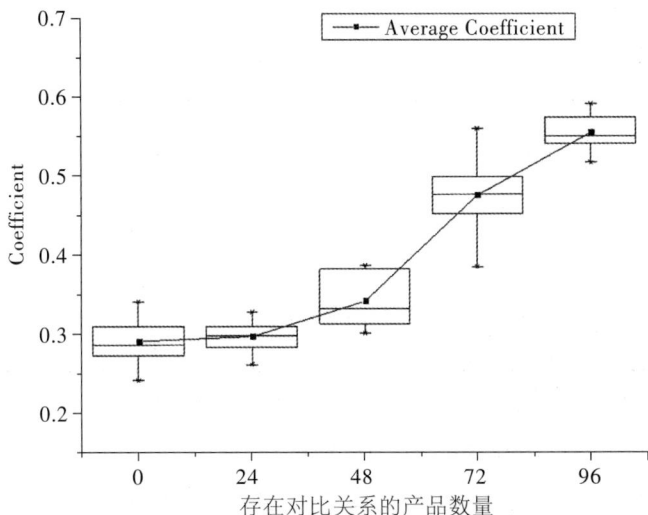

图3-7 具有比较关系的产品数量改变时对应的相关系数变化

例如，当 x = 0 时，没有任何产品存在比较信息，产品排名仅依赖于描述信息。显然，该情况的性能最差，系数小于0.3。当 x = 24 时，表示随机选择24种有比较信息的产品，并删除剩余产品的比较信息。从图3-7中可以明显看出，随着比较信息的增加，产品排名的效果逐渐提高，且改善曲线呈现出非线性函数，在早期阶段增长率上升，在后期阶段增长率下降。这种现象的原因可以解释为，比较信息显著提高了产品排名的效果，但并不表示比较信息量的增加总能导致同等程度的排序效果改进。当大多数产品都存在比较信息时，其有效性将会降低。

之前的消费者分享描述性和比较性信息，影响了潜在消费者的偏好或购买决策。对比投票可以表达那些真正体验过不同产品的人的经验，或表示这些人的未来需求。无论投票信息源自何处，它通常都暗示着市场中的消费者行为，因此将其纳入产品排序方法中，可帮助我们提高产品排序的效果。

（2）扩展性研究

为了研究方法的可扩展性，除了手机外本书还将该方法应用于另外两种产品的数据，包括笔记本电脑和数码相机（2015年8月连续10天时间）。三种产品的数据统计结果见表3-9。

表3-9　　　　　　　　　　　三种产品的数据统计结果

产品种类	手机	笔记本电脑	数码相机
产品数量（台）	96	75	60
评论数量（条）	23 488	5 345	1 597
比较句子数量（条）	310	26	22
对比投票数量（张）	139 641	42 960	25 706

笔记本电脑和数码相机的实验结果分别列于表3-10和表3-11中，每种产品有七种不同的排名。由结果可知：

表3-10　　　　　　　基于不同方法的笔记本电脑产品排序与

销量排序的相关性分析

时间	M&N	L&T	Z&G	Z&N	本书方法		
	R	T	S	T+S	T+S	R+T+S	R+T+S+V
Day1	0.27^*	0.22	0.12	0.19	0.23^*	0.30^{**}	0.43^{***}
Day2	0.27^*	0.23^*	0.12	0.21	0.24^*	0.31^{**}	0.41^{***}
Day3	0.27^*	0.26^*	0.14	0.25^*	0.29^*	0.35^{**}	0.46^{***}
Day4	0.29^*	0.25^*	0.14	0.27^*	0.22	0.35^{**}	0.46^{***}
Day5	0.25^*	0.26^*	0.13	0.25^*	0.26^*	0.34^{**}	0.45^{***}
Day6	0.27^*	0.26^*	0.13	0.25^*	0.26^*	0.34^{**}	0.43^{***}
Day7	0.26^*	0.24^*	0.12	0.24^*	0.25^*	0.33^{**}	0.47^{***}
Day8	0.26^*	0.24^*	0.11	0.22	0.27^*	0.30^{**}	0.45^{***}
Day9	0.21	0.25^*	0.11	0.25^*	0.23	0.29^*	0.40^{***}
Day10	0.23^*	0.23^*	0.16	0.21	0.24^*	0.29^*	0.42^{***}
平均	0.26	0.25	0.13	0.23	0.25	0.32	0.44

显著性水平：*表示$p<0.05$；**表示$p<0.01$；***表示$p<0.001$。

表3-11　　　　基于不同方法的数码相机产品排序与

销量排序的相关性分析

时间	M&N	L&T	Z&G	Z&N	本书方法		
	R	T	S	T+S	T+S	R+T+S	R+T+S+V
Day1	0.19	0.22	0.01	0.18	0.23	0.26*	0.34**
Day2	0.19	0.20	0.03	0.18	0.23	0.26*	0.34**
Day3	0.22	0.26*	0.02	0.21	0.24	0.27*	0.40***
Day4	0.21	0.22	0.02	0.21	0.24	0.25	0.33**
Day5	0.21	0.25	0.02	0.25	0.25*	0.29*	0.35**
Day6	0.20	0.25	0.05	0.19	0.25	0.28*	0.36**
Day7	0.22	0.21	0.04	0.19	0.20	0.22	0.41***
Day8	0.18	0.18	0.02	0.17	0.18	0.24	0.38**
Day9	0.17	0.19	0.02	0.19	0.20	0.22	0.39**
Day10	0.19	0.22	0.08	0.22	0.25	0.25	0.37**
平均	0.20	0.22	0.03	0.20	0.23	0.25	0.37

显著性水平：*表示 $p<0.05$；**表示 $p<0.01$；***表示 $p<0.001$。

①表3-10（笔记本电脑）和表3-11（数码相机）中也能得到表3-4（手机）中的结论。例如，基于本书的方法，使用所有的评论数据可以得到最好的产品排名效果，而简单的评级也可以在一定程度上改善排序效果。

②基于表3-4、表3-10和表3-11中的最后两列，也可以发现当引入对比投票时，手机产品的排名效果得到了很大的改善。同时手机产品的对比投票数量最多（见表3-9），其排序效果最好。该现象也间接证明了对比投票数量越多，则产品排序效果越好。

3.4.3　基于口碑总分值的产品排序系统

本节将讨论如何基于本书提出的网络口碑挖掘方法开发一个基于网

络口碑总分值的产品排名的原型系统。基于该系统，消费者可以对他们添加到购物车中的相似产品进行比较，商家可以通过集成和量化的产品网络口碑来分析竞争产品，并更好地了解自己产品的竞争地位。

消费者做出最终的购买决策一般分两个阶段。首先，筛选一组备选产品，然后深入地评估这些产品的网络口碑[69]。例如，某消费者在设定价格范围后选择了五个候选（P1，P2，P3，P4，P5）。然后，产品排序系统可以帮助客户对五个产品进行排名，并深入比较产品的网络口碑情况。如图3-8所示，五个产品基于网络口碑总分值的排序为P5→P4→P1→P3→P2。对应的产品之间的比较关系图也在该图中给出，图中结果的可视化分别为：

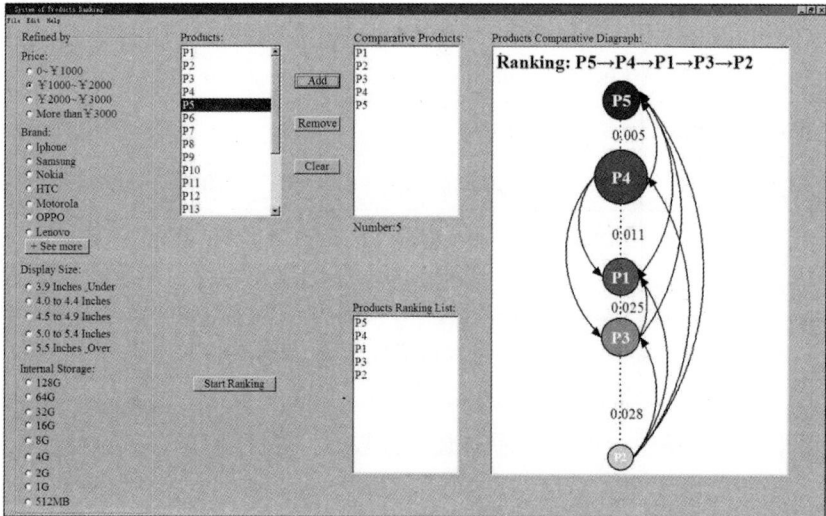

图3-8　产品的比较关系截图

（1）节点的颜色。节点的颜色表示网络口碑的总分值。网络口碑总分值较高的产品，其节点的颜色更深。

（2）节点的大小。节点的大小表示权重，即描述信息的分值。描述分值越高，则节点权重越大，节点大小也越大。

（3）边。若存在从产品 P_i 链接到 P_j 的边，则表示 P_j 的投票多于 P_i 的投票。

从图3-8可知，尽管P5的节点权重略小于P4，但P5获得的投票数比其他产品都多，这种优势有助于P5获得比其他产品更高的网络口碑总分值。对于预期较高的产品，消费者可能会体验完产品后感到失望（即图中的节点较小），但在与其他替代方案进行比较后，发现该产品更好（即在有向图中投票更多）。因此，本书提出的系统可以为消费者在选择和比较产品时，提供产品口碑比较功能，帮助他们做出更明智的选择。

尽管P1、P3和P5的节点大小相同，但它们所吸引的投票是不同的，导致网络口碑的总分值存在明显的差异。节点的大小由描述信息确定，并且这种信息在各种意见挖掘研究中被广泛采用。但是，如果客户仅依赖于描述信息，则他们很难区分这三种产品。比较信息的引入可以弥补描述信息的限制，并帮助客户了解产品真正的网络口碑。

总之，通过产品排序系统，消费者不用逐条读评论数据，就可以快速了解候选产品的网络口碑，包括从描述性信息中获得的网络口碑和从与其他产品的比较关系中得到的网络口碑。由图3-8可知，产品排序系统作为一种直观且有效的手段，可以帮助消费者比较多个产品的网络口碑，并提高其购买效率。

此外，排序系统对商家也具有重要的实际意义。从产品排序结果中，他们可以清楚地看到自己的产品在竞争产品中的网络口碑的位置。更多地，商家还可以分析产生排名的一些隐含因素，帮助他们聚焦产品的问题所在。例如，如果产品描述分值较低，并且产品的比较分值较高（如图3-8中的P5），客户的反馈既有负面情感，也有更多的投票。负面情感可能是由过度宣传造成的，客户会感到有些失望甚至反感。更多的投票表明，产品的质量足够有保障，与其他产品比该产品保持着有利的位置。在这种情况下，商家应该考虑减少额外广告并鼓励更多用户体验和比较产品。

相反，如果产品的描述分值高，获得的比较分值低，表示尽管客户对单个产品表达了一些积极的情感，但他们发现与其他产品比较后，其他产品甚至更好。这将是一个危险信号，顾客很有可能会流失，选择其他竞争产品。因此，商家必须赶上竞争对手，否则将失去市场份额。

产品排序的原型系统架构如图3-9所示。整个架构有三层，包括数据层、处理层和用户层。在数据层，从电子商务门户收集原始数据并分解成各种类型的信息；然后这些信息被集成到处理层中，基于本书提出的方法生成产品排名结果；用户（包括潜在消费者和商家）通过产品属性选择产品的子集进行比较，并通过用户层中的系统界面返回产品排序结果。

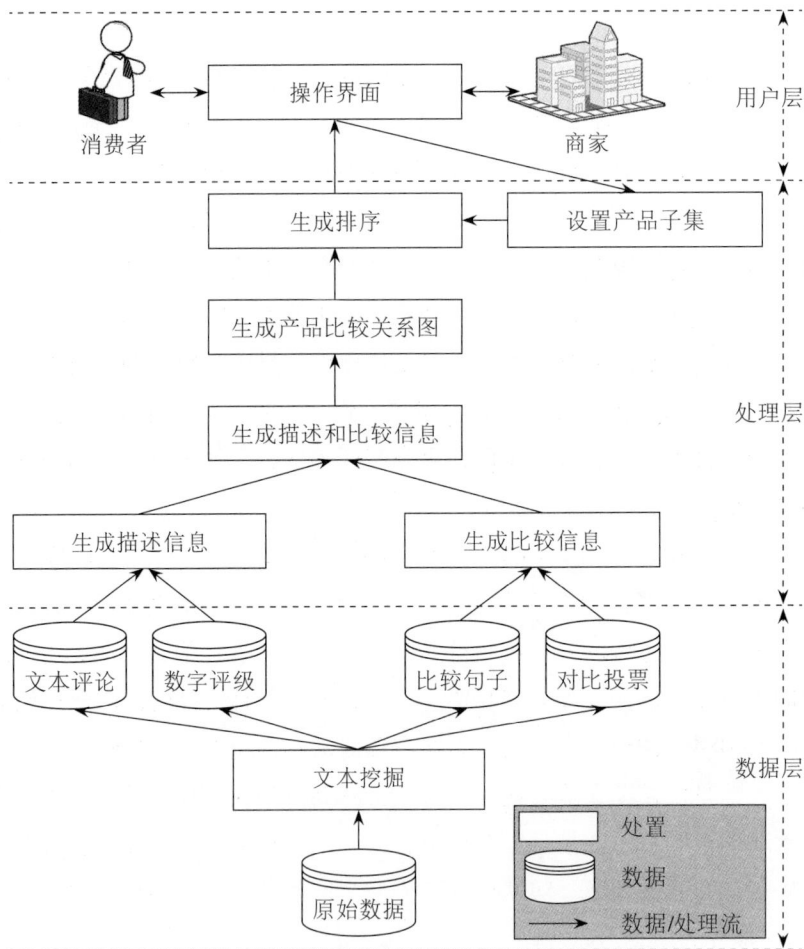

图 3-9　原型系统架构

3.5　本章小结

为了辅助消费者和商家快速且准确地了解产品评论中的网络口碑，

本章提出了一种网络口碑挖掘方法集成异构的在线评论数据（数字评级、文本评论和对比投票），提高了网络口碑挖掘结果的准确性。本章深入考察了在线评论海量数据内在特性，将其分为描述信息和对比信息两大类别，提出了一种有向加权图模型集成这两种信息。基于图模型，提出了一种新的产品网络口碑量化方法，计算产品网络口碑总分值，理论证明该算法收敛，采用迭代算法求解，并基于网络口碑总分值对产品进行排序。本章通过评论网站上收集的真实评论数据进行实验，发现相比于现有的其他方法，本章提出的方法在集成多种异构评论数据时，基于口碑分值的产品排序效果最好。通过划分不同价格区间对产品进行分组实验，证明了本章方法的稳定性；通过扩展产品的种类进行实验，证明了本章方法的广泛适用性。最后，基于提出的方法设计了基于口碑总分值的产品排序系统的实现框架和原型系统，展示了该方法在实际领域问题中的可应用性。

4 排序数据：产品的评论密度研究

4.1 问题描述

稀疏的评论数据会增加产品排序结果偏差的风险，而评论数量越多，基于网络口碑总分值的排序就更具可靠性。目前为获得更多评论数据，在线零售网站如亚马逊、京东商城、天猫商城、当当网等大都自设评论平台，鼓励消费者购买产品后在此发表评论，分享自己的购物体验。现实情况是，并不是所有购买产品的消费者都会撰写评论，因此，商家会通过一定的评论奖励机制鼓励买了产品的消费者都撰写评论。而对于不同的产品，其评论密度不同，评论奖励机制也应该不同。

所谓评论密度，是指消费者群体购买产品后是否发表评论的总体倾向，即产品评论数量与购买数量的比值。现有一些研究认为评论密度是稳定不变的[99][100][101][102]，即评论数量与购买数量间是简单的线性关系；也有一些研究认为评论密度不是稳定不变的[103]，产品在不同购买数量下的评论密度会不同[104]。然而，不同产品的评论密度分布是什么，以及评论密度如何变化，这些问题仍不明确。

关于评论密度，即评论数量与购买数量关系的现有研究都是先通过定性分析假定关系模型结构，然后通过收集的实验数据对模型验证。然而该建模方式往往受专家的领域知识和认知水平的限制，所构建的模型不能完全刻画评论数量与购买数量间的复杂关系。

本章在同时获取了大量产品的评论数量和购买数量的完备数据的基础上，研究评论数量与购买数量的精确定量关系，探索不同产品的评论密度及其变化趋势。此外，在关系模型的研究过程中，本研究不预设模型，采用一种新颖的基于数据驱动的符号回归方法自动地学习关系模型和参数，一方面验证了以往研究中依据主观判断所假设的模型，另一方面还发现了其他多个新的关系模型，通过模型发现了不同产品评论数量与购买数量间更为复杂的关系，以及不同产品的评论密度分布以及其变化趋势。

接下来，第4.2节介绍了研究思路和符号回归方法；第4.3节详细介绍了数据获取及预处理过程，分析了通用的关系模型和不同产品类型的关系模型，并根据模型分析了不同产品的评论密度；第4.4节介绍了关系模型的选择策略。

4.2　研究思路和方法

4.2.1　数据驱动的研究思路

本章不基于关系假设进行模型构建，直接从数据出发，采用基于数据驱动的符号回归方法自动地学习模型以及参数。符号回归方法[127]不需要假定任何函数形式，以达尔文自然选择进化理论为依托，利用计算机程序模拟基因复制、交叉和变异等操作，优胜劣汰，从数据中自动地发现知识、模式和规律。

本研究按照数据获取→变量定义→模型构建→关系发现的逻辑顺序开展工作，如图4-1所示。首先，通过爬虫软件在天猫商城网站（www.

tmall.com）中收集产品购买数量和相关评论数据；然后，对数据进行预处理，选择产品评论数量和购买数量两个变量；接着，通过符号回归方法发现适应于选定产品的关系模型，即变量之间的具体函数形式；最后，基于模型的函数形式分析变量之间的关系，以及不同产品的评论密度及其变化趋势。

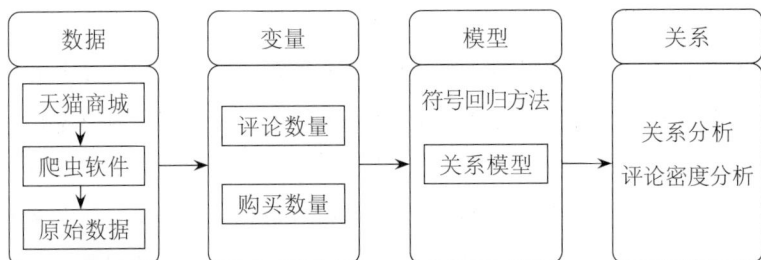

图 4-1 研究思路

本章在研究评论数量与购买数量之间的关系时，只选取了两个变量，虽然过于简单，但其意义和合理性是明显的。本章旨在探究评论数量与购买数量二者间的精确定量关系，并验证之前相关研究的研究假设（评论数量=a×购买数量）是否存在，以及是否存在更复杂的关系。因此，研究中只考虑了这两个变量。识别变量间简单的基本关系，并且用具体的函数模型来表示这种关系，在市场营销的相关研究中是很有意义的[128]。这些基础模型更具普适性，且能为将来的相关研究重复和扩展变量之间的关系提供研究起点[107]。

4.2.2　符号回归方法

符号回归方法最早由 Koza 等[127]提出，其主要思想是依据达尔文的进化论，自动更新模型结构及参数以获得最优化模型。传统的回归方法[129]，首先需要基于领域知识定性分析变量之间的可能关系，定义函数形式，如线性或非线性、一次或多项式等，然后基于观测数据，估计所定义函数的最优参数。与之不同的是，符号回归方法不需模型结构假设，能够从数据中摸索出模型结构及其参数[130]。也就是说，当研究者对数据生成系统的领域知识有限、较难确定模型结构时，基于数据驱动的符号回归是一种行之有效的方法。符号回归作为一种函数发现方法，能够自动描述变量之间的关系，并以数学函数的形式予以表示[131]。

符号回归方法现已被用于很多领域来探索变量之间的内在关系。基于符号回归，Schmidt和Lipson[132]在不预先导入任何物理学、几何学、动力学等领域知识的前提下，通过分析记录的运动轨迹数据，用计算机程序自动发现了汉密尔顿函数、拉格朗日函数、动量守恒定律等。Chattopadhyay等人将该方法应用于生物领域，他们从一系列的系统观测数据中，自动得出成百上千的反应模型[133]。Kemp等[134]针对传统的数据建模存在只能预先固定模型结构的局限性，提出一套新思路，从数据中同时得出多个候选模型。Yang等[135]通过符号回归方法，探索环境污染与经济发展的关系，他们通过解析世界各国CO_2和GDP的数据，智能地得出包括EKC模型在内的所有6种经典规律模型。

本章利用符号回归方法探索产品评论数量与购买数量的关系，在不事先假设模型结构的前提下，从大量的观测数据中找出关系模型的结构及其参数。符号回归过程主要执行的是遗传算法，其步骤如下：

步骤1　随机产生初始种群；

步骤2　设置终止条件，迭代执行步骤3和4直到满足终止条件；

步骤3　利用适应度函数计算个体的适应度值；

步骤4　按照一定的复制概率保留个体到下一代，按照一定的交叉概率和随机交叉操作形成下一代新的个体，按照一定的变异概率和随机变异操作形成下一代新的个体；

步骤5　选择适应度最佳的个体。

在符号回归的进化过程中，候选解决方案一般以树形结构表示。例如，表达式$0.5x-0.2x^2+3$可由图4-2所示的树形结构表示。通常越复杂的候选模型其精度越高，但可能出现"过度拟合"现象。为了衡量候选模型的复杂度，书中引进了复杂度指标C，这里定义各运算符的复杂度分别为：+: 1, -: 1, ×: 1, ÷: 1, exp: 4, ln: 4, cons: 1, var: 1。在图4-2所示的例子中，表达式的复杂度为11。

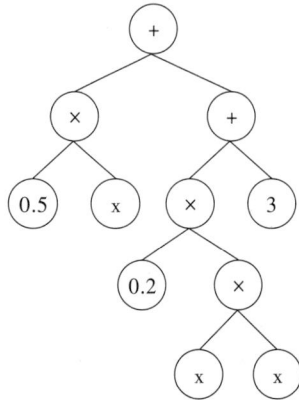

图 4-2　表达式 0.5x-0.2x²+3 的树形结构图

算法中个体的进化主要执行三种遗传操作：复制、交叉和变异。复制操作：选择最好的个体直接到下一代；交叉操作：交叉两个个体的部分特征得到两个新的个体；变异操作：改变个体的一部分，得到一个新的个体。个体进化的遗传操作均在树形结构上进行（如图4-3所示）。

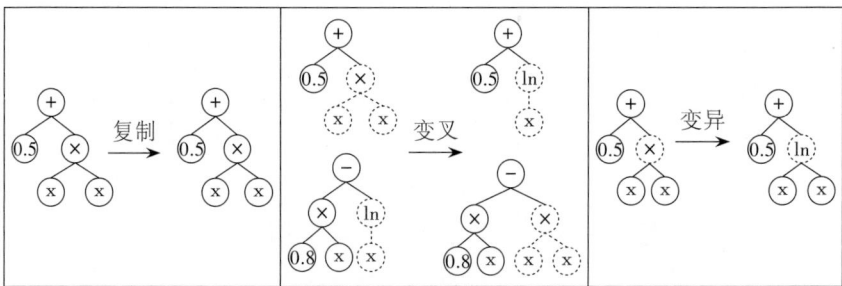

图 4-3　遗传操作图

本书利用符号回归方法生成模型的过程如下：

第一步，选择一组算术/函数运算符和一组变量。本书选择的运算符包括加（+）、减（-）、乘（×）和除（÷）；函数包括指数函数（exp）和对数函数（ln）；变量指产品的评论数量和购买数量。本书设置程序的运行时间为 1 000s，此时，输出的模型拟合效果稳定可靠，换言之，即便再增加运算时间，拟合效果也没有很大的改善空间。本书的遗传算法在进行模型迭代时，迭代耗费时间在 1 000s 以下进化结果已经收敛，实验中发现，大部分过程达到收敛态耗时低于 500s。通常，算法运行时长与问题的复杂程度、数据规模有关，问题越复杂、数据量越大，算法的收敛时间越长[132]。本书考察的问题复杂程度和数据量均不是很大，符号回归可以较快地达到收敛状态。

第二步，进行遗传操作，通过复制、交叉和变异来进化模型的结构和参数。每一次进化后生成模型的同时，输出该模型的拟合优度 R^2 和模型的复杂度 C。

第三步，评价模型。经过遗传操作，可输出大量的候选模型。本书用拟合优度和复杂度来评价所获得的模型，在确保模型质量的前提下选择最优模型组。具体地，用 R^2 阈值过滤掉拟合优度较低的模型，通过最大复杂度 C_{max} 预防过拟合。依据奥卡姆剃刀定律（Occam's Razor），如果两个模型有同样的精度，则选择复杂度低的模型，本书选择简单而有效的模型作为输出。此外，用帕累托前沿（Pareto Front）平衡模型的精度和复杂度[132][103][160][159]。基于帕累托前沿，当模型有同样的复杂度时，程序将选择精度较高的模型；当模型有同等的拟合精度时，程序将选择复杂度较低的模型。最终，本书构建了一个帕累托前沿，从众多的候选模型中选出了满足要求的模型组。

因此，针对一组给定数据集，符号回归方法可以输出多个模型来解释评论数量与购买数量之间的关系。这是因为对于某一数据集，其内在特征可从多方面/多角度观察，角度不同对应的模型亦不同。传统的统计分析方法常用一种模型刻画数据特征，而符号回归方法可同时发现多个规律模型，其中某一个模型可理解为数据集的一个剖面所表现出的特征[135]。这也是符号回归方法的优点之一，该方法不仅能输出一个具有较高精度的模型，而且能发现多个各有优劣的模型，不同模型从不同视角来看都具有一定的合理性[135]。

4.3　实验及结果分析

4.3.1　数据获取及预处理

实验所用数据包括产品的相关评论的数量和购买数量全部来自天猫

商城网站。天猫商城是阿里巴巴旗下中国最大的B2C网站之一，天猫商城店铺的主页面同时提供了产品的评论数量和购买数量信息，这为本书的研究提供了大量可信且有效的数据支持。实验选取30个商品种类，利用开发的爬虫软件收集了5 387个产品的评论数量和购买数量数据，其描述性统计结果见表4-1。由表4-1可知，产品的评论数量总体上小于购买数量，且平均评论数量（7 552.3）是平均购买数量（25 906.4）的1/3左右。

表4-1　　　　　　　　　数据的描述性统计结果

产品种类	产品数量（个）	购买数量（个）		评论数量（条）	
		平均值	标准差	平均值	标准差
家电与电子产品类					
手机	104	15 510.2	33 959.3	5 252.3	12 635.4
手提电脑	200	725.6	2 079.9	320.4	992.6
耳机	191	3 171.1	8 406.6	1 200.5	3 219.5
U盘	186	16 707.1	85 740.5	4 981.7	23 526.7
路由器	158	55 513.1	232 561.8	17 588.2	78 275.2
照相机	158	250.8	583.8	84.1	194.2
洗衣机	172	8 110.2	18 481.7	3 440.9	7 856.7
冰箱	191	7 701.5	23 615.0	2 835.0	7 181.5
电视机	200	3 928.1	8 125.4	1 779.4	3 550.6
空调	188	6 163.4	12 037.8	2 384.2	4 730.8
纺织品与服装类					
T恤	200	919.4	3 561.6	257.0	1 192.7
连衣裙	200	915.5	1 343.5	235.7	371.1
牛仔裤	200	742.8	2 523.3	233.0	822.2

续表

产品种类	产品数量（个）	购买数量（个）		评论数量（条）	
		平均值	标准差	平均值	标准差
西服	193	761.3	4 224.2	210.5	881.4
运动鞋	166	1 031.5	2 345.9	360.9	862.5
单鞋	199	1 620.4	3 141.5	588.6	1 172.4
行李箱	200	2 288.1	6 424.6	651.2	1 399.4
单肩包	200	648.2	1 116.5	226.1	418.3
床品四件套	180	2 027.0	5 821.6	424.4	1 346.0
枕头	80	5 590.8	16 952.0	1 334.0	4 788.2
食品与生活用品类					
白酒	199	5 495.6	17 531.4	1 205.7	3 807.4
茶	200	12 337.5	41 644.5	2 513.8	9 357.1
巧克力	200	16 128.1	55 579.7	3 160.1	12 082.4
坚果	200	566 061.2	602 581.9	161 855.0	169 194.4
大米	114	3 179.4	10 333.0	524.7	1 809.5
沐浴露	200	12 516.9	32 685.3	4 468.2	11 354.4
牙膏	195	19 213.5	67 226.6	5 397.1	17 633.6
香水	200	1 271.2	4 592.2	461.1	1 671.2
口红	108	5 058.4	23 868.3	2 064.3	9 641.2
太阳镜	205	1 603.8	5 764.8	529.6	1 749.1
汇总	5 387	25 906.4		7 552.3	

4.3.2 通用关系模型及评论密度分析

每一个产品种类的数据是一个数据集，针对每一个数据集利用符号回归方法都可得到一组帕累托最优模型组。因此，针对30个产品种类数据得到了30个帕累托最优模型组。为考察是否存在通用的关系模型适合每一个产品种类，实验中合并统计了所有产品种类的帕累托最优模型组，依据r指标值进行降序排列，排名前10的模型列于表4-2。这里，r定义为模型的解释度，是指模型能够解释产品种类的比例，值越大表示模型的适用范围越广。其计算公式为：

$$r_j = \frac{n_j}{m} \tag{4.1}$$

其中，m表示产品的总数量，n_j表示所发现模型j的产品数量。在表4-2中，$\overline{R^2}$是拟合优度R^2的平均值；C为模型的复杂度；v_r表示产品的购买数量（Volume of Purchase）；v_p表示评论数量（Volume of Review）；模型中所有变量前的系数（如a，b，c，d等）均为正数。表中排名越靠前的关系模型可解释的产品种类越多，模型的适用范围越广。排名前三的模型M1、M2和M3可解释50%以上的产品种类，解释能力较强，且具有较高的平均拟合优度（$\overline{R^2}$值都大于0.8）。

表4-2　　　　　　前10个按解释度降序排列的关系模型

模型	函数形式	复杂度C	平均拟合优度 $\overline{R^2}$	解释度r
M1	$v_r = a v_p$	3	0.85	100%
M2	$v_r = a v_p - b v_p^2$	9	0.90	60%
M3	$v_r = a v_p - b$	5	0.91	53%
M4	$v_r = a v_p - b - c v_p^2$	11	0.93	27%
M5	$v_r = a v_p + b v_p^3 - c v_p^2$	17	0.81	23%
M6	$v_r = a + b v_p$	5	0.69	23%
M7	$v_r = a v_p + b v_p^2 - c v_p^3$	17	0.95	20%
M8	$v_r = a v_p + b v_p^2 + c v_p^4 - d v_p^3$	27	0.96	17%
M9	$v_r = a v_p - b v_p^3$	11	0.93	17%
M10	$v_r = a v_p - \ln(v_p)$	9	0.96	13%

为考察候选模型的鲁棒性，观察不同模型在不同 R^2 阈值的条件下是否稳定，实验中分别设置不同的 R^2 阈值给出模型分布。R^2 阈值是筛选模型时设定的 R^2 需满足的最小值，用于保留高于 R^2 阈值的模型，去掉低于 R^2 阈值的模型。本章在每一个 R^2 阈值设定条件下，筛选出符合条件的模型，然后利用 Ratio 对模型降序排列，排序结果见表 4-3。例如，当 R^2 阈值是 0.5 时，前 10 个模型的所有 R^2 值都大于 0.5，这 10 个模型的解释度 Raito 由大到小依次为 M1、M2、M3、M4、M5、M7、M6、M8、M9 和 M10。从表 4-3 中可以看出，当 R^2 阈值在不同的取值范围时，三个模型 M1、M2 和 M3 的排序虽略有变化，但都比较稳定地出现在前三的位置上，说明前三个模型具有较强的鲁棒性。

表 4-3 　　　　　　　　　不同 R^2 阈值对应的模型分布

r降序	$R^2>0.5$	$R^2>0.6$	$R^2>0.7$	$R^2>0.8$	$R^2>0.9$
1	M1	M1	M1	M1	M1
2	M2	M2	M2	M3	M3
3	M3	M3	M3	M2	M2
4	M4	M4	M4	M4	M4
5	M5	M5	M7	M7	M7
6	M7	M7	M8	M8	M8
7	M6	M6	M5	M9	M10
8	M8	M8	M9	M10	M6
9	M9	M9	M10	M5	M9
10	M10	M10	M6	M6	M5

接下来，主要针对前三个模型 M1、M2 和 M3 的所有不同 R^2 值的函数进行分析。为了可视化展现这三个模型对原始数据的拟合情况，实验中分别选取模型 M1、M2 和 M3 中对应的前三个 R^2 值最高的函数，R^2 拟合曲线如图 4-4 所示。

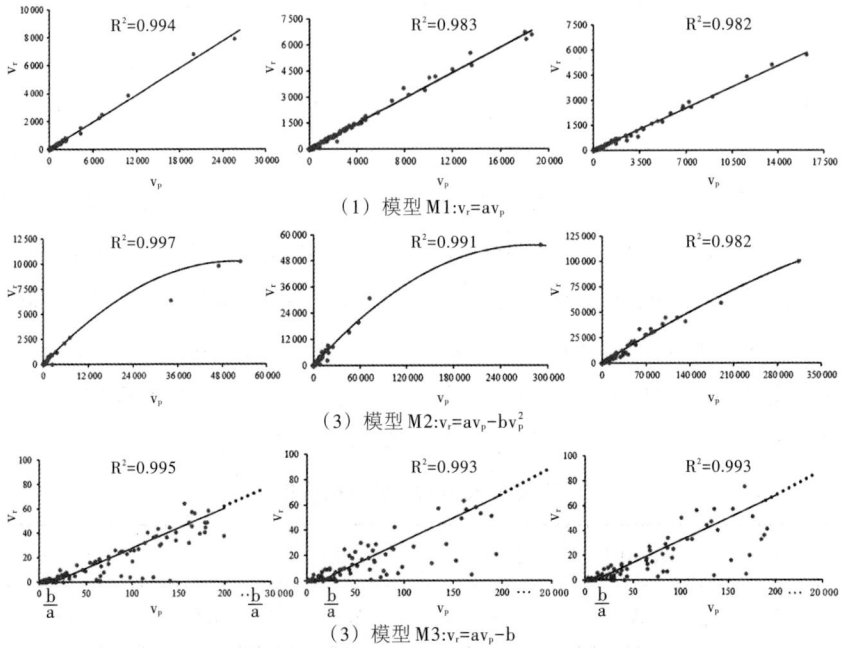

（1）模型 M1：$v_r=av_p$

（3）模型 M2：$v_r=av_p-bv_p^2$

（3）模型 M3：$v_r=av_p-b$

图 4-4　模型 M1、M2 和 M3 的前三个 R^2 最高的函数拟合曲线

由三个模型的函数形式可知，模型 M1 和模型 M3 是线性模型，模型 M2 是非线性模型，下面分别详细分析三个模型的函数形式及其所表达的评论数量与购买数量之间的关系。

（1）线性模型

模型 M1 能够以 $\overline{R^2}$ 值为 0.85 的拟合优度解释所有种类产品的评论数量与购买数量间的关系。该模型的函数形式为 $v_r=av_p$，其中 a 是斜率，a>0 表示评论数量与购买数量正线性相关，亦即评论数量以常数 a 的速率随着购买数量的增加而增加。也就是说，产品的评论密度是稳定不变的，与购买数量无关。评论密度，是指消费者群体购买产品后是否发表评论的总体倾向。相关研究[234]定义评论密度是在一个给定的时间内，对于某产品发表评论的数量与产品购买数量的比值。基于模型 M1 计算 30 种产品的评论密度分布如图 4-5 所示。从结果可知，所有产品的评论密度都小于 0.5，其中有 50% 左右产品的评论密度处于区间 [0.3，0.4]。对于不同种类的产品（如图 4-6 所示），家电与电子产品类的评论密度最高（平均为 0.398），而纺织品与服装类的评论密度最低（平均为

0.277），消费者对家电与电子产品类的评论倾向性要大于纺织品与服装类，因此商家若想提高产品的总评论数量，应该考虑对纺织品与服装类产品提供更多的评论奖励。

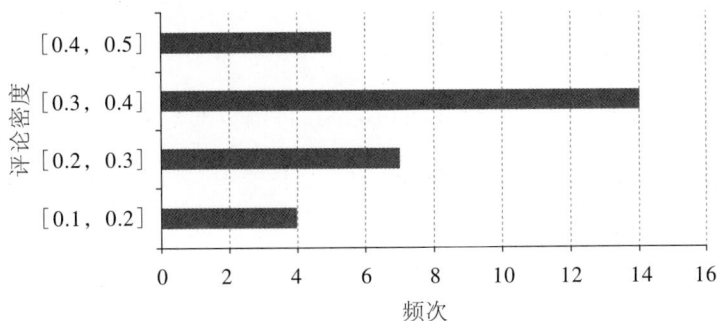

图4-5　产品的评论密度分布

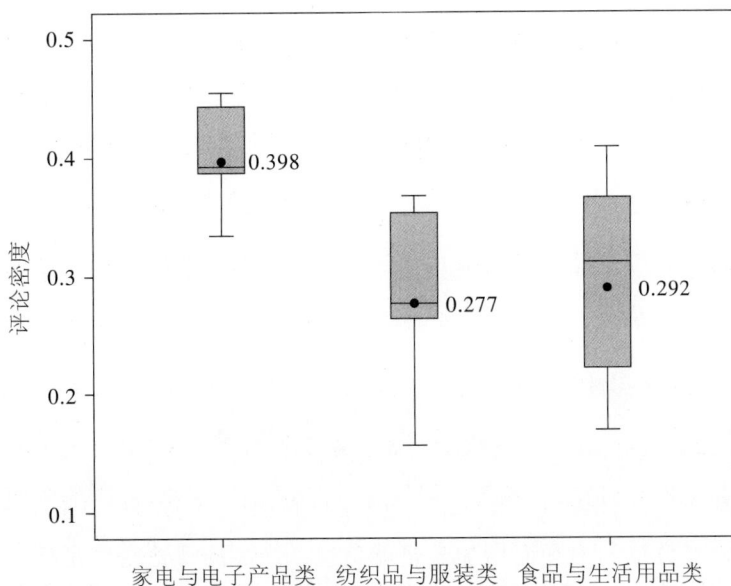

家电与电子产品类　纺织品与服装类　食品与生活用品类

图4-6　不同种类产品的评论密度分布

M1模型与之前相关研究[99][100][101]中的线性模型基本一致，本书用真实数据验证了线性假设的存在，这一研究结果为评论数量与购买数量间存在替代关系提供了科学依据。模型M1是最简单的线性模型（复杂度为5），适用范围广，但它的平均拟合优度$\overline{R^2}$在三个模型中略低。

模型 M3 的函数形式为 $v_r=av_p-b$。与模型 M1 不同的是模型 M3 带有截距，可以理解为当产品的购买数量大于 $\frac{b}{a}$ 时，产品的评论数量将大于 0，如图 4-4（3）所示。模型 M3 能够以 $\overline{R^2}$ 值为 0.91 的拟合优度解释 53.3% 的产品种类，即 16 个产品种类中评论数量与购买数量间的关系可由模型 M3 刻画。利用模型 M3 的 16 个具体函数的系数，计算 $\frac{b}{a}$ 的平均值取整后为 14。由此可知，53.3% 的产品种类中，只有当产品的购买数量平均超过 14 个时才会有评论。因此，对于新进入产品，商家可以考虑对前 14 个购买该产品的消费者给予更多的优惠，以刺激他们撰写评论。

（2）非线性模型

除了线性模型，通过符号回归方法还发现了新的非线性模型 M2。它能以较高的 $\overline{R^2}$ 值 0.90 来解释 60% 的产品种类，即在 18 个产品种类中的数据关系可由该模型刻画。M2 模型的函数形式为 $v_r=av_p-bv_p^2$，它是一个顶点坐标为 $(v_{p0}, v_{r0})=\left(\frac{a}{2b}, \frac{a^2}{4b}\right)$ 的二次函数。

为了分析该模型所刻画的具体关系，本书基于符合该模型形式的 18 个函数的系数，计算各函数的顶点横坐标值 $\{v_{p0}^i\}_{i=1}^{18}$，同时统计 18 个产品种类数据中横坐标的最大值 $\{v_{p\,max}^i\}_{i=1}^{18}$，比较两者大小可知，$\forall i \in \{1,2,...,18\}$，存在 $v_{pmax}^i < v_{p0}^i$，如图 4-7 所示。从模型 M2 表示的关系可知，尽管 M2 是二次函数，但只有一部分曲线（图 4-7 中的实线）拟合了原始数据，可以看出模型 M2 在 $v_p \in [v_{pmin}, v_{pmax}]$ 上是单调函数。说明评论数量 v_r 随着购买数量 v_p 的增加而增加，但增加的速率在降低。该现象表示产品的购买数量较少时，评论密度相对较高；而购买数量较大时，评论密度会相对较低。

关系模型 M2 在之前的研究中没有被提出过，它所表示的评论数量与购买数量的关系可以用消费者行为理论给予解释。消费者行为的相关文献[16] [34]指出，由于消费者传播口碑是利他和互惠的，为了自我增强和表达独特性，那些销量低的产品反而会吸引更多的消费者去评论。

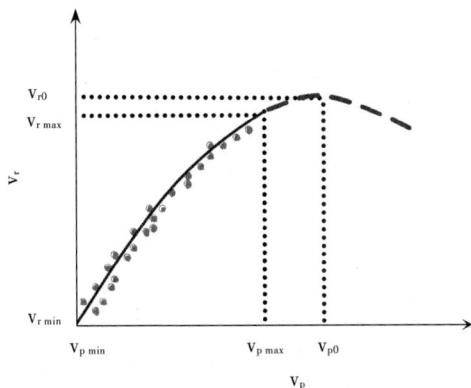

图 4-7　模型 M2 表示的关系

Shen 等[104]对亚马逊网站中图书的研究发现，那些畅销且获得较多评论的图书，消费者总体的评论倾向会减低。因此引发了产品购买数量低评论密度高，或者购买数量高评论密度低这种非常规现象。其中，文献[16][34][104]的结论能解释 M2，但与模型 M1 的结论相悖，主要是因为文献[16][34][104]的结论体现的是一种规律，这在本书的模型结果中得到体现，但这种规律有其适用范围，并不是所有产品数据都会严格遵循这种规律。换言之，在其适用范围内，这种规律模型的表现是优异的，但超出其适用范围，其表现将会出现较大偏差。模型 M1 解释数据的范围相对要广一些，超出了文献[16][34][104]的解释范围，因此出现了相悖结论是可以理解的。

本书发现的非线性模型 M2 能以更高的拟合优度解释评论数量与购买数量之间复杂的关系，更精确地刻画了消费者购买产品后的总体评论倾向。该模型带给商家的启示是，对于购买数量大的产品应考虑提供更为优厚的评论奖励，提高评论密度，最大化产品评论的总数量。

4.3.3　不同产品类型的关系模型

本节对所有产品种类进行了细分，比较分析不同产品类型对应的关系模型的适用范围。根据收集的 30 个产品种类，将所获产品数据分成了家电与电子产品、纺织品与服装和食品与生活用品三大类型（分类标准主要是基于国家统计局的统计用产品分类目录）。每种类型中分别包含10个产品种类，具体的分类见表4-1。三个产品类型下的所有关系模型及其相应的指标值列于表4-4，表中模型是按r值降序排列的，排序越靠前表示模型能解释该产品类型下的产品种类越多，模型对该产品类型的适用范围越广（表4-4与表4-2相比少了两个模型，是由于特定产品类型下的产品没有发现M1~M10中的某两个模型）。例如，在家电与电子产品类型中，模型M1以0.85的平均拟合优度（标准差为0.145）来解释100%的产品种类，该模型的适用范围最广。

表4-4　　　　　　　　　　　**不同产品类型的关系模型**

r降序	家电与电子产品			纺织品与服装			食品与生活用品		
	模型	$\overline{R}^2$	r	模型	$\overline{R}^2$	r	模型	$\overline{R}^2$	r
1	M1	0.85	100%	M1	0.85	100%	M1	0.84	100%
2	M2	0.93	70%	M3	0.98	60%	M2	0.94	70%
3	M3	0.88	40%	M2	0.79	40%	M3	0.87	60%
4	M4	0.94	40%	M6	0.70	40%	M9	0.93	50%
5	M5	0.89	20%	M7	0.97	30%	M5	0.81	30%
6	M8	0.93	20%	M10	0.99	30%	M8	0.99	30%
7	M6	0.62	20%	M4	0.87	20%	M7	0.93	30%
8	M10	0.87	10%	M5	0.74	20%	M4	0.96	20%

通过对不同产品类型的模型的适用能力进行比较分析可知，简单的线性模型M1在三个产品类型中都能以高于0.840的平均拟合优度解释所有的产品。因此，模型M1对产品类型的适用范围没有明显的不同。而带截距的线性模型M3相比于其他产品类型，在纺织品与服装类中其平均拟合优度更高，适用范围更广。非线性模型M2对家电与电子产品类和食品与生活用品类都能以高于0.920的平均拟合优度解释70%的产品，而对于纺织品与服装类只能以0.79的平均拟合优度解释该产品类型下的40%产品。因此，非线性模型M2更适用于家电与电子产品类和食品与生活用品类。

4.4　关系模型选择

对于关系模型选择，有两种策略：

策略一：针对单一数据集，符号回归方法能返回一组具有不同拟合优度 R^2 和复杂度 C 的模型，如果模型的拟合优度和复杂度较高，则有很大风险造成过度拟合。用"沐浴露"产品进行分析，该类产品的评论数量与购买数量的关系所对应的帕累托最优模型中，模型 M1、M2 和 M3 同时出现，如图 4-8 所示。由图 4-8 可知，对于该类产品的数据集，符号回归方法输出 9 个帕累托最优模型，这 9 个模型均能以不同的 R^2 值解释"沐浴露"产品的评论数量与购买数量之间的关系，每个模型对应的是该数据集的一个剖面。

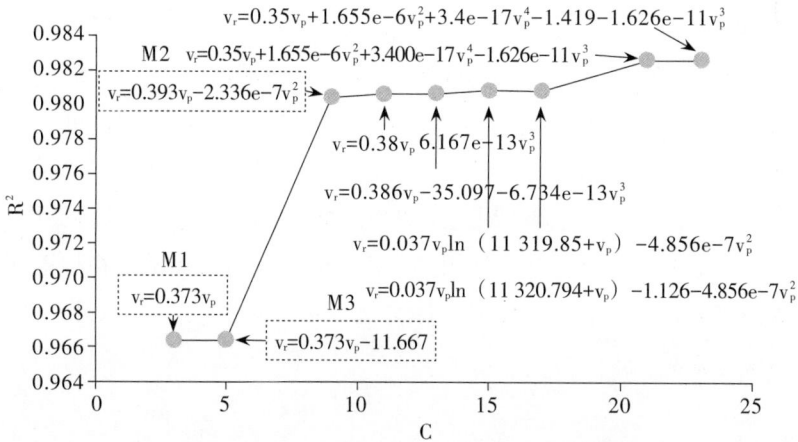

$$v_r=0.35v_p+1.655e\text{-}6v_p^2+3.4e\text{-}17v_p^4-1.419-1.626e\text{-}11v_p^3$$

M2　$v_r=0.35v_p+1.655e\text{-}6v_p^2+3.400e\text{-}17v_p^4-1.626e\text{-}11v_p^3$

$v_r=0.393v_p-2.336e\text{-}7v_p^2$

$v_r=0.38v_p-6.167e\text{-}13v_p^3$

$v_r=0.386v_p-35.097-6.734e\text{-}13v_p^3$

$v_r=0.037v_p\ln\,(11\,319.85+v_p)\,-4.856e\text{-}7v_p^2$

M1　$v_r=0.373v_p$

M3　$v_r=0.037v_p\ln\,(11\,320.794+v_p)\,-1.126-4.856e\text{-}7v_p^2$

$v_r=0.373v_p-11.667$

图 4-8　产品种类"沐浴露"数据的最优模型组

对于最优模型的选择，既可以选择拟合优度最高的模型，也可以综合考虑模型复杂度和拟合优度两个指标，并对这两个指标进行权衡。目前有一些衡量复杂度和拟合优度的准则，如 Akaike 信息准则（Akaike's Information Criterion ，AIC）[136]、贝叶斯信息准则（Bayesian Information Criterion，BIC）[137]、Hannan-Quinn 信息准则（Hannan-Quinn Information Criterion ，HQC）[138] 等。然而这些准则只是用来辅助决策，对于特定领域中的特定问题，应与专家讨论并根据领域知识制定模型的选择标准。

策略二：针对多个数据集，不同的模型有不同的平均拟合优度 $\overline{R}^2$ 和解释度r即适用范围。在模型选择时，综合考虑模型的解释度r、复杂度C和平均拟合优度 $\overline{R}^2$ 三个指标，并对三类指标进行权衡，具体分两步进行。第一步，用复杂度和拟合优度指标构建帕累托前沿，筛选出单一数据集中的帕累托最优模型组。第二步，依据适用范围和平均拟合优度指标进行排序，在多个数据集中将模型按降序排列，选取适用范围相对较大、平均拟合优度较高的模型，这些模型可以作为重点推荐的结果。

在表4-2中，模型M2解释了60%的产品种类，M1模型解释了100%的产品种类，说明M1还有一个优点是适用范围广。有60%的产品可同时用模型M1和M2刻画，说明这两个模型都能以一定的拟合优度解释60%产品的评论数量与购买数量间的关系，但模型M2的平均拟合优度更高，也就是说，在这60%部分，M2的优点是精度更高。因此，如果仅仅局限于这60%产品的评论数量和购买数量的关系，可以更倾向于采用模型M2。当然，如果扩大到100%产品种类，M1和M2又是各有千秋，M1精度略低但适用范围更广，M2适用范围略窄但精度更高。本书在针对多个数据集分析通用关系模型时，没有采用单一指标选择模型，而是采用多个指标对模型进行综合评价，旨在辅助人们对模型性能做出整体判断。

4.5 本章小结

为了获得更多的评论数量，提高网络口碑挖掘结果的可靠性，本章通过评论数量与购买数量的关系研究，分析了不同产品的评论密度，以及评论密度变化的趋势。本章提出了一种数据驱动的关系模型构建思路，采用符号回归方法从大量的真实数据中智能地得出评论数量与购买数量的关系模型和相关参数，不仅发现了传统实证方法假设的简单线性模型，同时还发现了新的关系模型，如带截距的线性模型和非线性模型。这些新的关系模型对数据有更高的拟合优度，能更精确地刻画购买后消费者总体的评论倾向。最后基于关系模型对不同产品的评论密度分布及其变化趋势进行了分析。研究结果发现样本中60%的产品，其评论密度不是稳定不变的，当产品的购买数量较少时，评论密度相对较高，而购买数量较大时，评论密度会相对较低。本章提供了一个关系模型构建和选择的新思路和方法，同时研究结果为商家针对不同的产品类型合理地制定评论奖励策略以提高产品的评论密度提供了定量的高精度模型的选择依据。此外，大量的评论也为挖掘真实、客观的产品网络口碑提供了保障。

5 排序数据：产品价格与评论的关系研究

5.1 问题描述

　　充足的评论数据是获得可靠的产品排序的保障。商家为了获得更多的评论数据，采取了大量的刺激手段促使消费者撰写评论，分享他们的购物体验。已有研究表明商家的刺激手段，如产品价格[13][111]、评论奖励[9][11][109]、广告[12][110]等，会对消费者的评论行为产生影响。本章选取价格这一重要的刺激手段，研究价格对评论数量的影响，辅助商家通过策略性地调整价格获得更多的评论。

　　在线零售网站上产品的零售价格不是一成不变的，商家总是动态地调整着产品的零售价格。图5-1是京东商城上 iPhone X 零售价格波动的截图，在6个月的时间里，该产品的价格变化了26次。产品零售价格的变化是商家常用的一种营销手段[139][158]，价格改变不仅会影响产品销售，还会影响消费者发布评论的行为。然而，对于同一个产品，其零售价格变化与评论的关系却不得而知。二者的关系为商家设计相应的营销策略，如改变价格以获得更多的评论，提供模型依据，并最终为获得可靠的网络口碑挖掘结果提供数据支持。

图 5-1 京东商城上手机 iPhone X 的零售价格变化截图

产品价格影响评论主要有以下几个原因：（1）价格的变化会影响产品的销量，消费者购买和体验产品后才会有更多的机会发表评论。因此，价格会通过销量而间接地影响到评论。（2）当面对质量不确定性时，消费者可能会将价格作为预期质量的信号[140][141]，而当消费者体验完产品后，其感知的产品质量与期望不一致时会影响到满意度[142][143]。之前的研究发现，满意度是用户撰写评论的主要驱动因素，而极度满意或不满意的消费者更愿意去发表评论[103]。因此，价格可能会影响感知质量，从而影响消费者评论。（3）价格变化可以使忠诚和不忠诚的消费者分群[144]，而忠诚的消费者更倾向于发表评论[145][108]。（4）消费者购物前会广泛搜索产品信息，例如了解产品的历史价格，特别是对于高涉入度（High Involvement）的产品，其价格高、功能复杂，消费者会搜索更多的产品信息以避免决策风险[146][147][149]。当消费者意识到价格变化时，他们对不同涉入度的产品的反应也有所不同。一些研究发现，消费者更愿意为涉入度高的产品撰写评论，以缓解紧张或兴奋的情绪[105][148]。

因此，价格变化会对评论数量（评论的总量）和效价（评论的情感倾向）产生影响，而具体的关系却不明确。不同种类的产品，其价格和评论之间的关系也存在差异。

关于价格和评论之间的关系研究，传统的研究范式是观察数据，根据理论假设推测变量之间的关系，并预设模型结构，基于数据对模型进行测试[149][151]，最终得出变量之间的关系[13][111]。但是，这样做存在两个局限，即数据空间局限和解方案空间的局限。（1）数据空间局限，是指如果只收集了一部分数据样本，则很难验证生成模型的普遍性。如果考虑大量的数据集，手动生成和测试预设的模型将会耗时、耗力。（2）解方案空间局限，是指如果提前假设模型形式，则可能会忽略更优的模型形式。同时评估大量的模型，测试效率将会是一个很大的障碍，特别是在处理大规模数据集时。

因此，针对现存解决方案的局限性，本章也引入了数据驱动的建模思路，其核心方法是符号回归，与传统范式生成替代方案并针对领域专家的知识进行测试不同，该方法不需要领域专家给出任何先前假设的模型形式，可以自动从数据中学习模型的结构和参数。因此，本章基于大量的真实数据，通过符号回归方法找到零售价格与评论之间的关系模型，并分析不同产品的价格与评论之间的关系。

接下来，第5.2节介绍了具体的研究思路。第5.3节收集了321种产品在6个月期间的零售价格和评论数据进行实验，分别针对不同的产品种类分析评论数量和效价与价格的关系模型，并依据关系模型分析了价格与评论之间的关系。第5.4节对找到的价格与评论之间的主导关系进行了总结，并提出了本章的理论意义和管理应用。

5.2　研究思路和方法

本章与第4章的研究思路类似，都是采用数据驱动的研究思路，基于符号回归方法，从大量的数据中自动得出变量之间的关系模型，并对模型表示的关系进行分析。其具体的步骤如下：

（1）数据准备。通过爬虫程序从京东商城上收集数据。数据包括特定时期内每个产品的每日价格和所有评论。其中，评论数据包括每条评论的数字评级和该评论的购买日期。基于评论的购买日期和产品的每日价格，可以将评论与其交易价格关联。为了提高模型的普遍性，本章收集了多种产品的价格和评论数据。

（2）变量选择。选择产品价格、评论数量和评论效价（平均数字评级）三个变量，分别研究价格与评论数量、价格与评论效价之间的关系。基于 Bass 推荐的方法[128]，这些变量之间的关系可以表示为：评论数量 = f（价格），评论效价 = f（价格）。由于本书试图找到一种在多种情况下都普遍存在的关系模式，且该模式能简单地用数学函数来表示，因此，本书只考虑了两个变量来研究变量之间的基本关系。这种基本关系的研究是营销研究的基础[107][128]，能为将来的相关研究重复和扩展变量之间的关系提供研究起点[107]。

（3）模型生成。确定变量之后，本书采用符号回归方法，自动地从数据中得出变量之间的关系模型，该模型可通过数学函数表示。每个模型通过三个指标进行衡量，包括精度、复杂度和解释度。精度表示模型的拟合能力，精度越高，模型对数据的拟合能力越好。复杂度表示模型的复杂程度，可以用来避免模型的过拟合问题。解释度表示模型的适用能力，模型的解释度越高，即模型在不同的产品中被找到的频率越高，则模型适用能力越广。

（4）关系分析。首先基于所有产品的通用关系模型分析变量之间的通用关系。然后对产品进行分类，分析不同种类的产品，其价格与评论数量和效价之间的关系。

具体地，本书利用符号回归方法探索产品评论数量与价格的关系模型，在不事先假设模型结构的前提下，从大量的观测数据中找出关系模型的结构及参数。符号回归的核心方法是遗传算法，其基本原理可参考第4.2节，本小节列出了该算法的伪代码，如图5-2所示。

在图5-2中，种群 M 是个体总数；函数符号集 FS 包括算术运算符（+、−、*、/）和函数运算（log，exp）等；终止符集合 TS 包括所有的变量和常数，终止标准 TC 是最大的代数；拟合优度 R^2 用来测量个体的

算法5.1：Genetic programming of symbolic regression

1.输入：Initialize population with FS and TS，Gen=0

2.While the best individual does not satisfy TC Do

3.For each individual i∈M

4.Calculate its fitness $R_i^2 = 1 - \dfrac{\sum(Y_i - \hat{Y}_i)}{\sum(Y_i - Y_i^*)}$

5.Calculate its complexity C_i

6.end

7.Reproduction

8.Crossover

9.Mutation

10.Gen=Gen+1 and go to 2

11.输出：the best individual

图5-2　算法的伪代码

质量，其中Y_i表示因变量的实际值，$\hat{Y}_i$表示因变量的预测值，Y_i^*表示因变量的平均值。模型的复杂度用C表示，模型包含的运算符越多，模型越复杂。

通过该算法每一个产品的一组评论数量和价格数据都可输出大量的候选模型，每个模型都可以用拟合优度和复杂度两个指标进行衡量。为了从大量的候选模型中找到较优的模型，本章对这些模型进行局部剪枝和全局剪枝。

首先，局部剪枝，是指通过拟合优度和复杂度两个指标对模型进行选择。依据奥卡姆剃刀定律，如果两个模型有同样的拟合优度，则选择复杂度低的模型，最终选择简单而有效的模型作为输出。当模型有同样的复杂度时，将选择拟合优度较高的模型；当模型有同等的拟合优度时，将选择复杂度较低的模型。最终，每一组数据可输出一组帕累托最优模型。

其次，全局剪枝，是指通过模型的解释度对所有的帕累托模型组中的模型进行选择。每一个产品的数据都可以用一组帕累托最优模型表示，多个产品就有多组帕累托最优模型。为了找到能解释的产品最多的关系模型，引入模型解释度r这个指标对模型的适用范围进行衡量。若该模型能在越多的帕累托最优模型组中找到，则该模型的适用范围越广。

最后，通过局部剪枝和全局剪枝，可输出一组最优模型描述评论数量与价格的关系，每一个模型可由拟合优度、复杂度和解释度三个测量指标进行衡量。

5.3　实验及结果分析

5.3.1　数据获取及预处理

本章的数据采自京东商城网站，京东商城是中国最大的 B2C 在线零售商之一，2017 年第一季度拥有 2.365 亿注册用户和 267 亿美元GMV。京东商城提供了评论平台，消费者可以在购买产品后撰写评论。本章随机选取了 4 种电子产品（笔记本电脑、手机、鼠标和打印机）和 4 种食品（啤酒、巧克力、咖啡和饼干），并收集了这 8 种产品类别下的 360 个产品连续 6 个月（2016 年 10 月至 2017 年 4 月）每日的产品价格和评论数据。每条评论都包含产品的购买时间和数字评级，如图 5-3 所示。

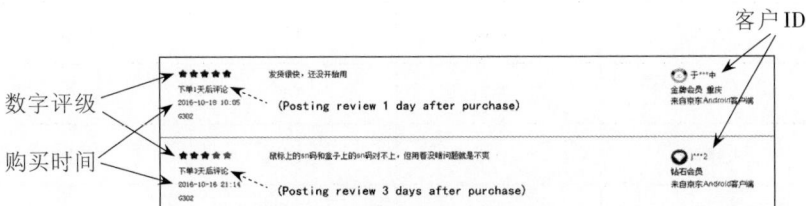

图 5-3　京东商城的评论截图

收集的样本数据中，一部分产品在 6 个月期间价格改变不到 3 次，去掉价格变化少于 3 次的产品后最后剩余 321 个产品。这些产品一共包含了 1 738 040 条评论和 5 431 次价格变动，表 5-1 和表 5-2 对数据进行了详细的描述。由表可知，平均每种产品的价格在 6 个月期间改变了 17次。图 5-4 是一款笔记本电脑产品的价格、评论数量和数字评级随时间变化的示例。

表 5-1   **评论的描述性统计表**

产品种类	产品数量	评论数量		平均数字评级
		总数	平均值	平均值
啤酒	40	211 685	5 292.125	4.905
巧克力	37	224 221	6 060.027	4.913
咖啡	57	311 856	5 471.158	4.929
饼干	34	211 745	6 227.794	4.86
笔记本电脑	29	85 743	2 956.655	4.712
手机	56	441 343	7 881.125	4.827
鼠标	38	204 992	5 394.526	4.815
打印机	30	46 637	1 554.567	4.887
汇总	321	1 738 222	5 415.022	4.856

表 5-2   **价格的描述性统计表**

产品种类	价格变化次数		价格
	总数	平均值	平均值
啤酒	684	17	140.467
巧克力	506	14	62.649
咖啡	1 019	18	63.195
饼干	618	18	60.902
笔记本电脑	938	32	5 689.870
手机	767	14	3 618.936
鼠标	358	9	229.816
打印机	541	18	857.026
汇总	5 431	17	1 340.358

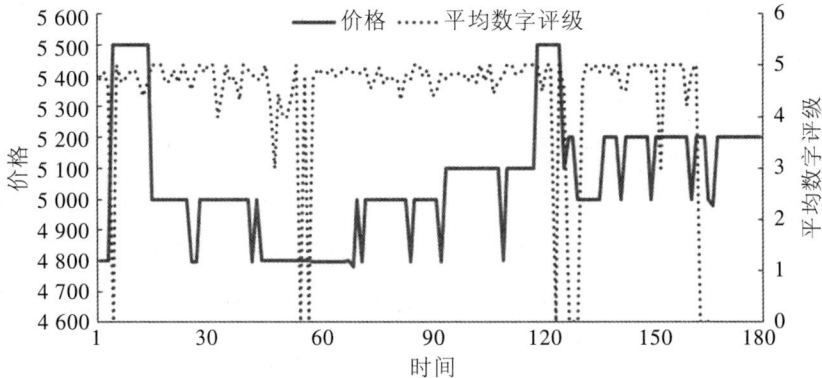

（1）价格和平均数字评级

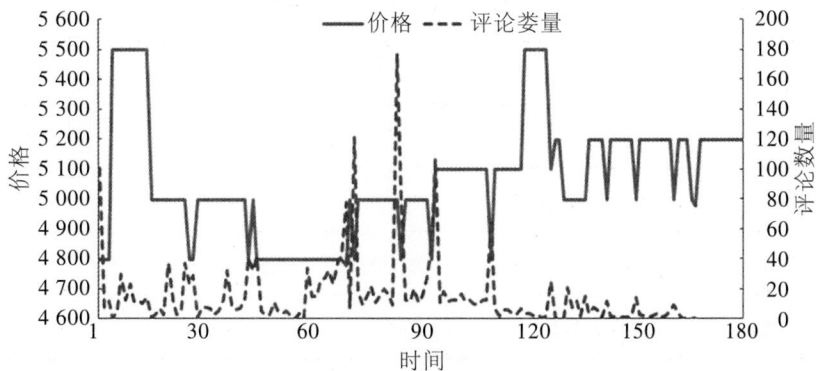

（2）价格和评论数量

图5-4　一款笔记本电脑的价格和评论变化示例

本章数据中产品的零售价格和评论数据都来自于同一个零售商网站。评论中包含了产品的购买时间，因此能将每条评论与其实际交易价格相关联。与之前的研究[13][111]相比，本章收集的是产品的真实交易价格而非市场平均价格或指导价格，这将为研究零售价格对消费者评论的直接影响提供更好的数据支持。因此，之前的研究[13][111]都是在产品整体上研究市场价格与评论的关系，本书从产品个体层面研究同一个产品其零售价格的变化与评论之间的关系。

5.3.2　评论数量与价格的关系模型

本章从评论的数量和效价两个维度分别探索评论与价格的关系模

型，其中评论的效价用平均数字来表示。变量 R^{vo}、R^{va} 和 P 分别代表评论数量、评论效价和价格。本节将首先介绍评论数量与价格的关系模型。

每一个产品的数据，通过符号回归方法可以产生一组帕累托最优模型。321 个产品一共产生了 321 个帕累托最优模型组，共包含 2 050 个模型。为了探索是否存在通用的模型适合所有产品，计算每个模型的解释度 r，该指标表示模型能够解释产品的比例，值越大模型的适用范围越广。依据 r 指标值进行降序排列，排名前 10 的模型列于表 5-3 中。

表 5-3 前 10 个评论数量与价格的关系模型

模型	函数形式	解释度 r	平均拟合优度 $\overline{R^2}$	复杂度 C
M^{vo}_1	$R^{vo}=\beta_{10}-\beta_{11}P$	65%	0.27	5
M^{vo}_2	$R^{vo}=\beta_{20}-\beta_{21}P+\beta_{22}P^2$	38%	0.46	11
M^{vo}_3	$R^{vo}=-\beta_{30}+\beta_{31}P-\beta_{32}P^2$	12%	0.44	11
M^{vo}_4	$R^{vo}=\beta_{40}-\beta_{41}\ln P$	12%	0.36	9
M^{vo}_5	$R^{vo}=\beta_{50}+\beta_{51}P-\beta_{52}\ln P$	9%	0.49	13
M^{vo}_6	$R^{vo}=\beta_{60}-\beta_{61}P^2$	9%	0.30	7
M^{vo}_7	$R^{vo}=\beta_{70}-\beta_{71}P+\beta_{72}P^2-\beta_{73}P^3$	6%	0.48	19
M^{vo}_8	$R^{vo}=-\beta_{80}+\beta_{81}P-\beta_{82}P^3$	4%	0.49	13
M^{vo}_9	$R^{vo}=\beta_{90}-\beta_{91}P^3$	4%	0.35	9
M^{vo}_{10}	$R^{vo}=\beta_{100}-\beta_{101}P+\beta_{102}P^3$	4%	0.58	13

注：所有的系数（β）都是正值。

（1）线性模型（M^{vo}_1）

线性递减模型解释了 65.11% 的产品：

$$R^{vo}=\beta_{10}-\beta_{11}P \tag{5.1}$$

其中，常数 β_{10} 表示除价格以外的其他因素的固定影响[129]，而常

数 β_{11} 是斜率。该模型表明价格与评论数量之间呈反比例关系，且评论数量总是以恒定的速率随着价格的增加而减少。当产品的价格降至最低时，产品将得到最多的评论数量，反之亦然。该现象可以通过需求定律来解释。价格上涨时，需求下降。由于评论是历史销量的产出 [152]，产品价格增高时消费者购买产品的可能性较小，则他们发布评论的机会也较少。因此，线性递减模型表明，消费者通过购买更少（更多）的产品和撰写更少（更多）的评论来回应更高（更低）的价格。

然而，线性模型的平均拟合优度相对较低（0.27），线性形式只是提供了粗略的近似，研究线性形式以外的模型非常重要。除了线性模型，本书还找到拟合优度更高的非线性模型。

（2）二次模型（$M^{vo}{}_2$ 和 $M^{vo}{}_3$）

表5-3中第二和第三个模型都可由二次函数表示：

$$R^{vo} = \beta_{20} - \beta_{21}P + \beta_{22}P^2 \tag{5.2}$$

$$R^{vo} = -\beta_{30} + \beta_{31}P - \beta_{32}P^2 \tag{5.3}$$

与线性模型相比，两个二次模型有更高平均拟合优度。它们共同解释了50%的产品（由于这两个模型具有相同的复杂度，不可能出现在一个帕累托前沿上，因此模型之间的解释度没有重叠）。二次模型如图5-5所示。

虽然 $M^{vo}{}_2$ 和 $M^{vo}{}_3$ 都可以用二次函数来描述，但它们的隐含意义是截然不同的。如图5-5（1）和（2）所示，两条曲线同时存在一个递增和一个递减的区间，但是这两个区间的顺序相反，分别由U形和倒U形曲线表示。U形和倒U形曲线表明更高的价格并不总是导致评论数量的减少。在大多数情况下，两个区间的长度是不同的，即 $M^{vo}{}_2$ 和 $M^{vo}{}_3$ 的形状是不对称的。为了描述曲线的不对称性，本章提出了一种新测量指标 IDM（Increasing-Decreasing-Measure）：

$$IDM = \frac{P_{max} - P_{ver}}{P_{ver} - P_{min}} \tag{5.4}$$

其中，P_{max} 是阈值范围内的最高价格，P_{min} 是最低价格，P_{ver} 是曲线顶点上的价格（如图5-5（1）中的最低点和图5-5（2）中的最高点）。

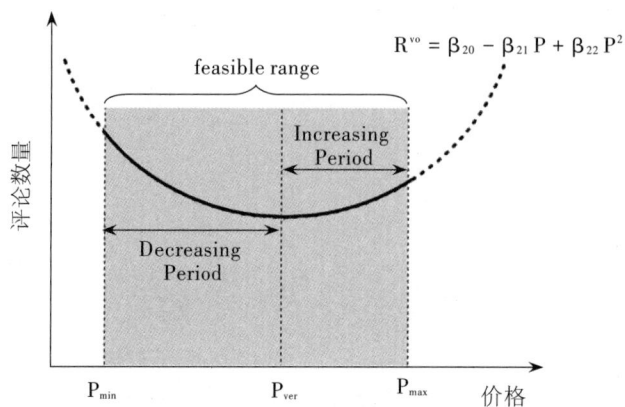

（1）模型 M^{vo}_2

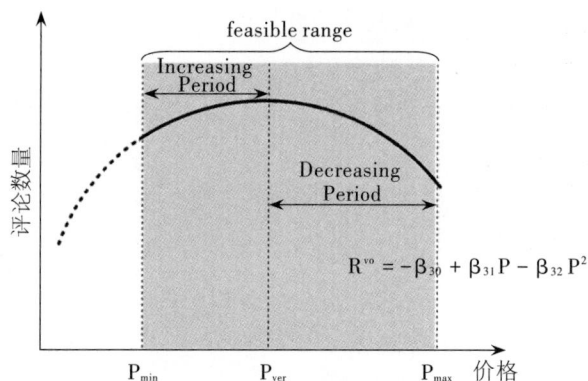

（2）模型 M^{vo}_3

图5-5 二次模型

基于所有二次函数，计算可得IDM值，如表5-4所示，最后得到六种类型的曲线，包括：

Type-1：U形曲线，$0<IDM<1$；

Type-2：U形曲线，$IDM=0$；

Type-3：U形曲线，$IDM>1$；

Type-4：倒U形曲线，$IDM>1$；

Type-5：倒U形曲线，$0<IDM<1$；

Type-6：倒U形曲线，$IDM=0$。

表 5-4 M^{vo}_2 和 M^{vo}_3 的类型

	M^{vo}_2		
类型	Type-1	Type-2	Type-3
形状			
r	32%	4%	2%
IDM	(0.01，0.95)，0.46	(0，0)，0	(1.07，2.85)，1.81
$\overline{R^2}$	0.48	0.45	0.15

	M^{vo}_3		
类型	Type-4	Type-5	Type-6
形状			
r	9%	2%	1%
IDM	(1.02，4.39)，1.55	(0.49，1)，0.75	(0，0)，0
$\overline{R^2}$	0.43	0.31	0.82

　　对于每种类型，IDM 的最小值、最大值和平均值列于表 5-4 中。通过观察每种曲线类型的产品数量，可以发现 Type-1 和 Type-4 占主导地位，特别是 Type-1。Type-1 表明，当价格上涨到某个中间值时，评论数量将随着价格的持续上涨而增加。而 Type-4 表明，当价格上涨时，评论数量刚开始增加，然后减少。

　　递减的阶段，例如 Type-1 的左侧和 Type-4 的右侧，可以通过价格提高减少了购买数量从而导致相应的评论量减少来解释。递增的阶段，例如Type-1的右侧和Type-4的左侧，可能是由满意度等因素引起的。相关研究表明，满意度与评论数量之间存在类似的U形关系[103][107]。对于一个产品，面对较低的价格时消费者更容易做出购买决定，并且更容易被满足。消费者面对较高价格时会导致期望更高，而更难被满足，他们会更主动地表达关于该产品是否真的值得以这么高的价格购买的意见。因此，会出现产品在较高的价格下有更多评论数量的现象。

此外，Type-1和Type-4中递增的区间很短。而递增区间较长的曲线类型，例如Type-3、Type-5和Type-6，仅存在于少数产品中。该现象表明，在大多数情况下，购买数量的影响可能起主要作用，而满意度的影响相对较小。

（3）其他模型

第四和第五个模型都是半对数模型，第四个模型可以看作是第五个模型的特例：

$$R^{vo} = \beta_0 - \beta_1 \ln P \tag{5.5}$$

其余模型（即第七至第十个模型）均可由三次函数表示：

$$R^{vo} = \beta_0 + \beta_1 P + \beta_2 P^2 + \beta_3 P^3 \tag{5.6}$$

半对数和三次函数都具有较高的拟合优度，但解释度较低，这些模型只能应用于有限数量的产品。

5.3.3　不同种类产品评论数量与价格的关系模型

产品的涉入度水平（Involvement Level）是指消费者对产品的感知重要性程度。按涉入度水平对产品进行分类，可以将本章收集的八种产品分为高涉入度和低涉入度产品两类[153]。由涉入度理论可知，产品的涉入度水平会影响消费者在购买产品之前搜索信息的行为[146][147]，消费者更愿意对高涉入度产品花更多的时间和精力去搜索产品的相关信息。此外，消费者针对不同涉入度的产品，其发表评论的倾向也不同，有研究[105][148]表明消费者更愿意为高涉入度的产品发表评论，以缓解紧张或兴奋的情绪。

高涉入度产品的典型代表是耐用品，例如具有复杂功能、价格较高和适用寿命较长的汽车和电子产品等。而低涉入度产品的典型是消耗品，例如书和食品等[149]。因此，将啤酒、巧克力、咖啡和饼干归类为低涉入度产品，将笔记本电脑、手机、鼠标和打印机归类为高涉入度产品。其评论数量与价格的关系模型见表5-5、表5-6。

表5-5 低涉入度产品的评论数量与价格的关系模型

模型	函数	啤酒	巧克力	咖啡	饼干	平均值
M^{vo}_1	lr	63%	57%	68%	68%	64%
	$\overline{R^2}$	0.18	0.26	0.27	0.24	0.24
M^{vo}_2	lr	40%	38%	33%	44%	39%
	$\overline{R^2}$	0.35	0.39	0.44	0.41	0.40
M^{vo}_3	lr	8%	8%	9%	9%	8%
	$\overline{R^2}$	0.12	0.67	0.59	0.29	0.42
M^{vo}_4	lr	15%	—	14%	12%	10%
	$\overline{R^2}$	0.22	—	0.35	0.32	0.22
M^{vo}_5	lr	15%	5.%	7%	—	7%
	$\overline{R^2}$	0.37	0.72	0.53	—	0.40
M^{vo}_6	lr	—	—	9%	9%	4%
	$\overline{R^2}$	—	—	0.54	0.25	0.20
M^{vo}_7	lr	25%	—	3.51%	—	7%
	$\overline{R^2}$	0.34	—	0.36	—	0.17
M^{vo}_8	lr	—	—	—	6%	1%
	$\overline{R^2}$	—	—	—	0.43	0.11
M^{vo}_9	lr	—	—	—	—	
	$\overline{R^2}$	—	—	—	—	
M^{vo}_{10}	lr	—	11%	—	—	3%
	$\overline{R^2}$	—	0.47	—	—	0.12

表5-6   **高涉入度产品的评论数量与价格的关系模型**

模型	函数	笔记本电脑	手机	鼠标	打印机	平均值
M^{vo}_1	lr	76%	45%	76%	83%	70%
	$\overline{R^2}$	0.22	0.25	0.36	0.37	0.30
M^{vo}_2	lr	45%	30%	32%	50%	39%
	$\overline{R^2}$	0.34	0.54	0.625	0.60	0.52
M^{vo}_3	lr	17%	14%	18%	13%	16%
	$\overline{R^2}$	0.37	0.54	0.32	0.41	0.41
M^{vo}_4	lr	10%	—	18%	27%	14%
	$\overline{R^2}$	0.31	—	0.51	0.44	0.36
M^{vo}_5	lr	17%	11%	—	13%	8%
	$\overline{R^2}$	0.19	0.53	—	0.73	0.36
M^{vo}_6	lr	21%	9%	5%	—	9%
	$\overline{R^2}$	0.25	0.19	0.40		0.21
M^{vo}_7	lr	—	—	8%		1%
	$\overline{R^2}$			0.75		0.19
M^{vo}_8	lr	—	7%	11%		4%
	$\overline{R^2}$	—	0.64	0.40		0.26
M^{vo}_9	lr	10%	—	8%		4%
	$\overline{R^2}$	0.16	—	0.36		0.13
M^{vo}_{10}	lr	10%	—	—	7%	3%
	$\overline{R^2}$	0.54			0.90	0.36

    表5-5和表5-6中分别列出了前10个解释度最高的模型在低涉入度和高涉入度产品中的分布情况。模型 M^{vo}_1 和 M^{vo}_2 在所有产品类别中的局部解释度都优于其他模型。lr_{ij} 表示模型i在产品类j中的局部解释度，其计算公式如下：

$$lr_{ij} = \frac{n_{ij}}{m_j} \times 100\% \tag{5.7}$$

其中，m_j是产品类 j 中的产品数量，n_{ij}是产品类 j 中出现的模型 i 的产品数量。虽然 M^{vo}_1 的解释度即适用范围较小，但出现在了所有产品类别中。总的来说，模型 M^{vo}_1、M^{vo}_2 和 M^{vo}_3 都表现出了相对较好的普适性。关于线性模型（M^{vo}_1）和二次模型（M^{vo}_2，M^{vo}_3）的详细分析信息分别见表 5-7 和表 5-8。

表 5-7　　　　　　不同产品种类中的线性模型 M^{vo}_1

产品种类	β_{10}	β_{11}	Elasticity
	Mean （St.Dev）	Mean （St.Dev）	Mean （St.Dev）
低涉入度产品			
啤酒	109.94 （112.80）	0.87 （1.23）	−2.532 （1.47）
巧克力	494.00 （775.64）	12.66 （25.23）	−7.039 （6.12）
咖啡	251.82 （277.69）	3.88 （4.44）	−3.509 （2.11）
饼干	275.64 （373.93）	5.35 （8.20）	−2.881 （2.36）
平均	282.85	5.69	−3.99
高涉入度产品			
笔记本电脑	366.28 （507.11）	0.06 （0.08）	−8.879 （8.60）
手机	667.28 （776.19）	0.21 （0.24）	−12.357 （10.63）
鼠标	222.24 （280.67）	1.12 （1.47）	−4.793 （2.37）
打印机	169.23 （245.40）	0.33 （0.93）	−8.768 （4.45）
平均	356.26	0.43	−8.70

表 5-7 列出了各模型的系数描述，并基于模型的系数计算出了价格随着评论变化的弹性。其计算公式如下：

$$\eta_i = \frac{\Delta R_i / R_i^*}{\Delta P_i / P_i^*} = \frac{\Delta R_i}{\Delta P_i} \cdot \frac{P_i^*}{R_i^*} \tag{5.8}$$

该公式也可写成：

$$\eta_i = \frac{\partial R_i / R_i^*}{\partial P_i / P_i^*} = \frac{\partial R_i}{\partial P_i} \cdot \frac{P_i^*}{R_i^*} \tag{5.9}$$

其中，η_i是产品 i 评论随着价格变化的弹性，ΔR_i是产品 i 评论的变化量，ΔP_i是产品 i 价格的变化量，R_i^*是产品 i 的平均评论量，P_i^*是产品 i

表5-8 不同产品种类中的二次模型 M^{vo}_2 和 M^{vo}_3

产品种类	M^{vo}_2			M^{vo}_3		
	Type-1	Type-2	Type-3	Type-4	Type-5	Type-6
低涉入度产品						
啤酒	33%	3%	5%	8%	—	—
	0.40	0.18	0.12	0.12	—	—
巧克力	32%	5%	—	8%		
	0.40	0.30		0.67		
咖啡	28%	41%	2%	7 %	—	2%
	0.48	0.42	0.28	0.55	—	0.83
饼干	41%	3%	—	6%	—	3%
	0.42	0.23	—	0.43	—	0.20
平均	34%	4%	2%	7%	—	1%
	0.43	0.28	0.1	0.44	—	0.26
高涉入度产品						
笔记本电脑	41%	—	3%	14%	3%	—
	0.35	—	0.14	0.39	0.33	—
手机	23%	5 %	2%	8%	2%	4%
	0.58	0.53	0.1	0.53	0.1	0.82
鼠标	26%	5.26%	—	13%	5%	—
	0.65	0.515		0.36	0.24	
打印机	43%	6.67%	—	10%	3%	—
	0.58	0.684		0.23	0.95	
平均	34%	4.32%	1%	11%	3%	1%
	0.54	0.431	0.1	0.38	0.39	0.20

的平均价格。例如，基于模型 M^{vo}_1 和 M^{va}_1，计算评论数量的价格弹性为：

$$\eta_i = \frac{\partial R_i / R_i^*}{\partial P_i / P_i^*} = \frac{\partial R_i}{\partial P_i} \cdot \frac{P_i^*}{R_i^*} = -\beta_1 \cdot \frac{P_i^*}{R_i^*} \tag{5.10}$$

由结果可知，低涉入度产品评论数量随着价格变化的平均弹性是3.99，远低于高涉入度产品的平均弹性8.70，该现象揭示了评论数量对高涉入度产品价格变化表现的敏感度更高，即对于高涉入度产品，一定比例价格的改变会带来更多的评论数量的改变。

在表 5-8 中，可以观察到 Type-1 和 Type-4 二次形式分别在 M^{vo}_2 和 M^{vo}_3 模型所在的产品中占主导地位。Type-1 在高低涉入度产品中的表现几乎相同，而 Type-4 在高涉入度产品中表现更好。出现这些现象可能是由于：高涉入度产品一般更昂贵，为了规避决策风险，消费者对这些产品的价格变化更敏感。如果价格上涨，将更容易放大他们对预期质量与期望的不一致性，并引起不满，而极度不满意更容易驱使消费者发表评论。

5.3.4　评论效价与价格的关系模型

表 5-9 中列出了按解释度从大到小排序的前 10 个评论效价与价格的关系模型。表 5-9 中的模型平均拟合优度和解释度都低于表 5-3 中的值，该现象表明评论效价与价格的关系没有评论数量与价格的关系显著。这可能是由于除价格之外还有更多因素会影响评论效价。此外，从表 5-9 中可知，模型 M^{va}_1、M^{va}_2 和 M^{va}_3 的解释度高于 10%。其中，模型 M^{va}_1 和 M^{va}_3 都是线性模型，M^{va}_2 是二次模型。

表 5-9　　　　　　　　　前 10 个评论效价与价格的关系模型

模型	函数形式	解释度 r	平均拟合优度 $\overline{R^2}$	复杂度 C
M^{va}_1	$R^{va}=\gamma_{10}-\gamma_{11}P$	27%	0.17	5
M^{va}_2	$R^{va}=\gamma_{20}-\gamma_{21}P+\gamma_{22}P^2$	22%	0.31	11
M^{va}_3	$R^{va}=\gamma_{30}+\gamma_{31}P$	11%	0.17	5
M^{va}_4	$R^{va}=\gamma_{40}+\gamma_{41}P-\gamma_{42}P^2$	9%	0.34	11
M^{va}_5	$R^{va}=\gamma_{50}-\gamma_{51}P^2$	9%	0.21	7
M^{va}_6	$R^{va}=-\gamma_{60}+\gamma_{61}P-\gamma_{62}P^2$	8%	0.43	11
M^{va}_7	$R^{va}=\gamma_{70}-\gamma_{71}P+\gamma_{72}P^3$	6%	0.41	13
M^{va}_8	$R^{va}=\gamma_{80}+\gamma_{81}P-\gamma_{82}\ln P$	5%	0.27	13
M^{va}_9	$R^{va}=\gamma_{90}-\gamma_{91}P^3$	4%	0.26	9
M^{va}_{10}	$R^{va}=\gamma_{100}+\gamma_{101}P^2$	3%	0.14	7

注：所有的系数（γ）都是正值。

（1）线性模型

线性模型 M^{va}_1 和 M^{va}_3 共同描述了 38% 的产品。虽然两个模型的平均拟合优度没有很大区别，但 M^{va}_1 可以解释比 M^{va}_3 多两倍的产品。

这两个模型表示的关系完全相反：M^{va}_1 表示评论效价与价格是负相关的，而 M^{va}_3 表示二者是正相关的。评论效价与价格负相关，表明当产品价格上涨时，消费者满意度会下降。消费者以较高的价格购买该产品更有可能发表负面评论。而二者呈正相关则表示消费者购买高价产品时更愿意发布正面评价，该现象可以用消费者忠诚度和购买偏差理论来解释。价格变化将使忠诚和非忠诚的消费者分群[144]，此时忠诚的客户对相对较高的价格不太敏感，而非忠诚的客户则会转向其他替代品。因此，当产品的价格较高时，只保留下了忠诚或价格不敏感的客户，他们比其他客户对产品更容易满意[142][154]，更有可能写出积极的评论。同时，价格通常会增加购买偏差，产品价格高时还觉得产品好的消费者才会购买该产品，从而导致平均数字评级增加[143]。

（2）二次模型

在所有二次模型中，模型 M^{va}_2 具有相对较高的解释度，是一条 U 形曲线。计算模型的 IDM 值，结果见表 5-10。

表5-10　　　　　　　　　　模型 M^{va}_2 的 IDM 值计算表

类型	Type-1	Type-2	Type-3
形状	WOM Valence / Price	WOM Valence / Price	WOM Valence / Price
r	13%	9%	1%
IDM	(0.24, 0.94)，0.68	(1.01, 3.06)，1.50	(-0.09, -9.36)，-4.72
$\overline{R^2}$	0.34（0.29）	0.29（0.25）	0.18（0.07）

曲线递减的阶段例如 Type-1 和 Type-2 的左侧，以及整个 Type-3，

可以通过价格上涨引起的满意度降低来解释。大多数消费者对价格都很敏感，他们对高价会表达负面情感。然而，当价格持续上涨到一定水平时，却出现了随着价格的上涨而平均数字评级增加的现象（在 Type-1 和 Type-2 的右侧都有所体现），这可能是由于忠诚或价格不敏感的客户仍然愿意以高价支付产品并撰写积极的评论。

5.3.5 不同种类产品评论效价与价格的关系模型

表 5-11 和表 5-12 中分别列出了前 10 个评论效价与价格的关系模型在各产品种类中的分布情况。与表 5-5 和表 5-6 相比，表 5-11 和表 5-12 中模型之间的适用范围的差异更大。

表 5-11　　　　低涉入度产品的评论效价与价格的关系模型

模型	函数	啤酒	巧克力	咖啡	饼干	平均值
M^{vo}_1	lr	8%	30%	25%	18%	20%
	$\overline{R^2}$	0.27	0.19	0.18	0.20	0.21
M^{vo}_2	lr	15%	19%	25%	21%	20%
	$\overline{R^2}$	0.16	0.30	0.38	0.23	0.27
M^{vo}_3	lr	23%	11%	12%	15%	15%
	$\overline{R^2}$	0.08	0.30	0.33	0.13	0.21
M^{vo}_4	lr	10%	19%	14%	21%	16%
	$\overline{R^2}$	0.17	0.38	0.42	0.23	0.3
M^{vo}_5	lr	—	16%	5%	9%	8%
	$\overline{R^2}$	—	0.18	0.35	0.35	0.22
M^{vo}_6	lr	—	—	7%	—	2%
	$\overline{R^2}$	—	—	0.62	—	0.15
M^{vo}_7	lr	5%	11%	—	5%	5%
	$\overline{R^2}$	0.24	0.36	—	0.29	0.22
M^{vo}_8	lr	—	—	—	5%	1%
	$\overline{R^2}$	—	—	—	0.65	0.16
M^{vo}_9	lr	—	8%	—	9%	4%
	$\overline{R^2}$	—	0.28	—	0.35	0.16
M^{vo}_{10}	lr	—	—	—	6%	1%
	$\overline{R^2}$	—	—	—	0.20	0.05

表 5-12　　　　　高涉入度产品的评论效价与价格的关系模型

模型	函数	笔记本电脑	手机	鼠标	打印机	平均值
M^{vo}_1	lr	52%	36%	34%	23%	36%
	$\overline{R^2}$	0.18	0.12	0.23	0.19	0.18
M^{vo}_2	lr	28%	30%	23%	23%	25%
	$\overline{R^2}$	0.3	0.42	0.19	0.19	0.31
M^{vo}_3	lr	7%	5%	7%	7%	7%
	$\overline{R^2}$	0.16	0.23	0.14	0.14	0.155
M^{vo}_4	lr	—	—	—	—	1%
	$\overline{R^2}$	—	—	—	—	0.12
M^{vo}_5	lr	24%	7%	—	—	11%
	$\overline{R^2}$	0.15	0.31	—	—	0.14
M^{vo}_6	lr	14%	11%	17%	17%	12%
	$\overline{R^2}$	0.35	0.40	0.47	0.47	0.36
M^{vo}_7	lr	7%	11%	—	—	6%
	$\overline{R^2}$	0.55	0.47	—	—	0.40
M^{vo}_8	lr	10%	—	—	—	4%
	$\overline{R^2}$	0.12	—	—	—	0.07
M^{vo}_9	lr	—	—	—	—	—
	$\overline{R^2}$	—	—	—	—	—
M^{vo}_{10}	lr	10%	—	—	—	3%
	$\overline{R^2}$	0.16	—	—	—	0.04

从表 5-11 和表 5-12 中可知，M^{va}_1 对于高涉入度产品表现更好。该模型表明，价格对昂贵产品的评论效价影响更大。低涉入度产品的价格通常是几元或者几十元地增加或者减少，而笔记本电脑等高涉入度产品的价格可能会增加或者减少数百甚至数千元。由于高涉入度产品的感知

风险较大，因此，高涉入度产品价格过高，消费者更有可能撰写负面评价。

通过表5-13中模型M^{va}_1的系数分析结果可知，评论效价的平均价格弹性都是负的。低涉入度产品的弹性绝对值（0.036）远低于高涉入度产品的弹性绝对值（0.210），该现象表明高涉入度产品的评论效价对价格变化更敏感。与表5-7相比，表5-13整体较低的弹性值表明，评论效价相对于价格变化不如评论数量敏感，即产品价格变化对评论数量的影响要大于评论效价。

表5-13 不同产品类型的模型M^{va}_1系数分析

产品种类	M^{va}_1			M^{va}_3		
	γ_{10}	γ_{11}	Elasticity	γ_{30}	γ_{31}	Elasticity
低涉入度产品						
啤酒	5.01	0.0006	−0.019	4.78	0.001	0.025
巧克力	5.23	0.0051	−0.062	4.47	0.019	0.098
咖啡	5.11	0.0043	−0.033	4.79	0.007	0.031
饼干	5.06	0.002	−0.032	4.77	0.003	0.035
平均	5.10	0.003	−0.036	4.70	0.008	0.047
高涉入度产品						
笔记本电脑	6.39	0.0003	−0.369	4.52	0.0001	0.056
手机	5.82	0.0004	−0.200	3.83	0.0003	0.203
鼠标	5.17	0.002	−0.072	4.68	0.001	0.089
打印机	5.87	0.002	−0.199	4.08	0.002	0.166
平均	5.81	0.001	−0.210	4.275	0.0008	0.129

此外，由表5-11可知线性递增模型M^{va}_3更适合低涉入度产品，特别是啤酒。该现象表明忠诚度的评论效价的影响在低涉入度产品中更为明显。例如，喜欢某种口味或品牌啤酒的消费者即使价格上涨也不会对其发表负面评价。

表 5-14 中描述了关于 U 形曲线模型 M^{va}_2 的详细信息。对于大多数类别的产品，Type-1 和 Type-2 都占主导地位，而 Type-1 的解释度在高涉入度产品（如笔记本电脑和手机）中相对较高。

表 5-14   不同产品类型的模型 M^{va}_2 对称性分析

产品种类	Type-1	Type-2	Type-3
低涉入度产品			
啤酒	5%	10%	—
	0.22	0.13	—
巧克力	8%	11%	—
	0.39	0.23	—
咖啡	14%	9%	2%
	0.30	0.55	0.13
饼干	6%	9%	3%
	0.25	0.17	0.23
平均	8%	10%	2%
	0.29	0.27	0.09
高涉入度产品			
笔记本电脑	21%	7%	—
	0.34	0.18	—
手机	25%	5%	—
	0.40	0.49	—
鼠标	11%	8%	—
	0.32	0.33	—
打印机	10%	13%	—
	0.25	0.15	—
平均	17%	8%	—
	0.33	0.29	—

5.4 讨论

5.4.1 关键发现

评论作为网络口碑的一种重要载体，不论对消费者还是对商家都有很重要的作用。本章采用了一种基于符号回归的数据驱动方法，从数据中自动学习不同产品的评论数量及效价与价格变化的关系模型。基于京东商城的评论和交易价格数据，在没有任何该领域的先验知识的情况下，发现了一组模型来描述评论和价格之间的关系。通过 5.3 节中对各模型指标进行分析，可得到评论数量与价格和评论效价与价格之间的主导关系，如图 5-6 所示。基于该图，可得到以下结论：

（1）没有一个通用的关系能适用于所有产品种类的评论数量与价格，以及评论效价与价格之间的关系。但本书发现最可能存在的关系有单调递减、单调递增、不对称的 U 形和不对称的倒 U 形关系等。

（2）评论数量与价格之间存在的关系和评论效价与价格之间存在的关系不同。例如，评论数量与价格之间最可能的关系有单调递减、不对称的 U 形和不对称的倒 U 形关系。而评论效价与价格之间最可能的关系是单调递减、不对称的 U 形和单调递增的关系。评论效价与价格之间的关系整体上都比评论数量更显著。

（3）不同产品种类之间的关系存在明显不同。例如，对于一部分高涉入度产品，评论数量与价格之间可能存在倒 U 形关系；而对于一部分低涉入度产品，评论效价和价格之间可能存在单调递增的关系。

5.4.2 理论意义和管理应用分析

（1）理论意义

本书扩展了商家的刺激手段与用户生成内容的关系研究。之前的大量研究探索了产品特征[16][105][166]和消费者的心理因素[11][107][108][109]，会影响在线评论。有少量文献研究了商家的刺激手段，如产品市场价格、广告和奖励机制与用户生成内容的关系。本书定量研究了消费者

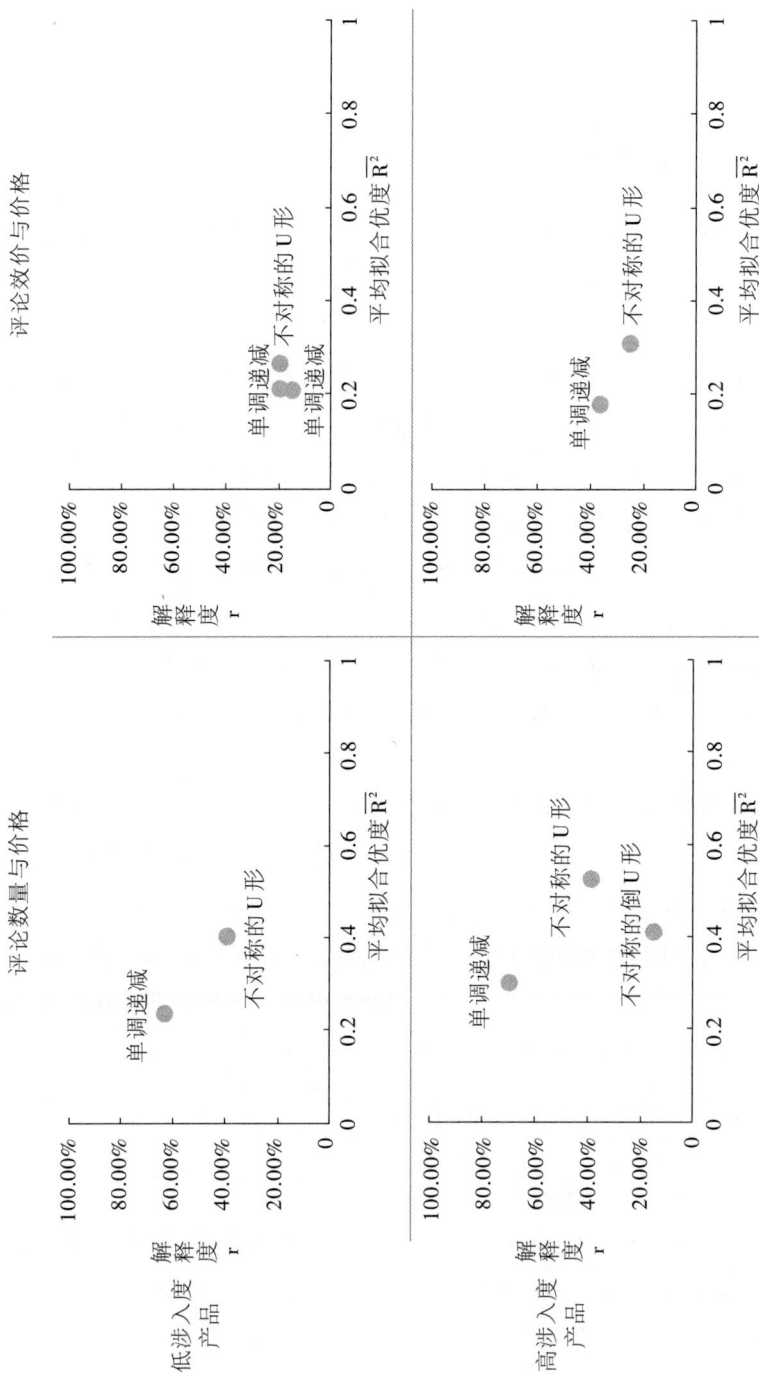

图5-6 主导关系分布图

撰写评论与产品零售价格变化的关系，扩展了现有的商家的刺激手段与用户生成内容之间的关系研究。

具体地，拓展了评论和价格之间的关系研究。相关学者已经研究了整体上产品的市场价格与评论之间的关系 [13] [111]。而本书从产品个体层面上研究同一个产品其零售价格变化与评论之间的关系。此外，本书还将产品进行分类，分别探索了不同的产品种类下评论数量与效价和价格之间关系的不同。

最后，本书还扩展了关系模型的研究范式。之前的关系模型通常由具有生成/测试周期的领域专家设计 [149] [151]。为了找出关系模型，传统的范式是假设变量之间的关系，预设可能的模型结构，并从历史数据中学习模型的参数 [129]。本书采用了一种新的数据驱动视角，自动从数据中得出关系模型，包括其结构和参数。在处理大数据时，该方法不仅能提高数据分析效率，同时还能减轻研究人员从海量数据中发现完整知识的沉重负担。

（2）管理应用分析

评论数量代表了产品的热度，足够数量的评论能帮助消费者和商家更准确地了解产品的网络口碑，提高网络口碑的可靠性。评论的效价代表了产品质量的评价，产品的评论效价会影响产品未来的销售。与通过电话或电子邮件进行传统调查相比，从零售商网站获取客户的反馈是一种快速获取产品网络口碑的渠道。商家可以采取主动营销策略去影响评论 [125] [155]，而不是被动地对过去产生的评论做出反应。本书关于评论与价格之间关系的研究结果为商家通过调整价格来刺激消费者评论提供了定量关系模型。以下是一些在管理实践中的应用分析：

首先，本书发现对于大多数产品来说降低产品价格来获取更多的评论数量一般是有效的；高涉入度产品与低涉入度产品相比，评论数量随着价格改变的反应程度更敏感。对于一部分产品（样本中37%的产品）来说，当价格增加到一定的程度，评论数量会随着价格增加而增加。

其次，通过改变产品价格来调节评论效价（平均数字评级）的有效性比评论数量低。整体上，对于高涉入度产品，其平均数字评级对价格变化比低涉入度产品更敏感；对于部分低涉入度产品，可能会出现价格提高、评分增加的现象。

本书提供了一套评论数量与价格以及评论效价与价格之间关系模型的可能备选方案，而不是固定的模型选择，每个方案都具有一定的优势。由于不同的产品其内在特性不同，如果仅依赖于一个模型，则会导致误判。商家可以根据数据与模型的匹配程度为特定产品选择合适的模型。

5.5　本章小结

本章采用数据驱动关系模型构建思路，基于大量的真实数据分别构建了评论数量与价格，以及评论效价与价格的关系模型，并发现了不同产品之间的评论与价格的复杂关系。实验结果显示，没有一个通用的关系能适用于所有产品种类的评论数量与价格和效价与价格之间的关系。但评论数量与价格之间最可能存在的关系有单调递减、不对称的 U 形和不对称的倒 U 形关系。而评论效价与价格之间最可能存在的关系是单调递减、不对称的 U 形和单调递增的关系。不同产品种类之间关系有明显不同。例如，对于一部分高涉入度产品，评论数量与价格之间可能存在倒 U 形关系；而对于一部分低涉入度产品，评论效价和价格之间可能存在单调递增的关系。通过实验结果分析可知，零售价格的上涨并不总是会导致消费者评论的数量或平均数字评级下降，对于样本中 38% 的产品，当价格提高到一定水平时，评论的数量将随着价格的上升而增加。高涉入度产品比低涉入度产品的评论数量对价格变化表现的敏感度更高，即对于高涉入度产品，一定比例价格的改变会带来更多的评论数量的改变。本书的研究结果可启发商家根据产品的不同类型，合理地调整产品价格，刺激消费者撰写评论，为产品网络口碑的量化提供数据支持，使基于网络口碑的产品排序结果更可靠。

6 结论与展望

6.1 结论

在以消费者为主导的社会化电子商务模式下，在线评论是消费者做出购买决策和商家制定营销策略的重要依据之一，但海量的评论数据给消费者和商家都带来了严重的决策障碍。因此，本书提出了基于网络口碑进行产品排序的解决方案，以期帮助消费者和商家快速而准确地制定决策。

针对产品排序这一问题，本书从排序方法和排序数据两个层面进行了研究。首先针对在线评论多样的大数据特征，提出了一种量化网络口碑的方法集成多种异构的评论数据，并基于口碑总分值对产品进行排序，提高了排序结果的准确性。同时，为了获得充足的排序数据，保障排序结果的可靠性，本书探索了不同产品的评论密度以及变化趋势，辅助评论奖励机制的制定以提高产品评论密度。此外，还探索了产品价格对评论数量的影响作用，达到策略性的价格调整改变消费者评论行为的目的，辅助生成更多的评论数据，从而提高排序结果的可靠性。针对这些问题的研究，本书得到的主要结论如下：

（1）提出了一种产品排序方法集成多种异构的评论数据（如数字评级、文本评论和对比投票），提高了排序结果的准确性。首先，从文本评论中挖掘出文本情感和比较句子，并将所有评论信息分为描述信息和比较信息：描述信息包括数字评级和文本情感；比较信息包括比较句子和对比投票。然后，提出了一个有向加权图模型集成描述信息和比较信息。基于图模型，提出了一种新的产品网络口碑量化方法，计算产品网络口碑总分值，理论证明该算法收敛，采用迭代算法对网络口碑总分值求解，并以此生成产品排序。通过对在评论网站上收集的真实评论数据进行实验，发现本书提出的方法在集成多种异构评论数据中，其产品排序效果最好，并从多个角度证明了本书方法的稳定性和广泛适用性。最后，基于提出的方法开发了基于口碑分值的产品排序系统的实现框架和原型系统，可辅助商家和消费者快速且准确地制定决策。

（2）基于构建的评论数量与购买数量的关系模型，对已购产品的评论密度状况进行了细致的研究，给出了不同产品的评论密度分布，以及变化趋势。对于评论数量与购买数量关系的建立，提出了一个数据驱动的关系模型研究思路，基于大量的真实数据，采用符号回归方法自动得出描述产品评论数量与购买数量的关系模型和相关参数。不仅发现了传统实证方法假设的简单线性模型，同时还发现了新的关系模型，如带截距的线性模型和非线性模型。这些新的关系模型对数据有更高的拟合优度，能更精确地刻画购买后消费者总体的评论倾向。此外，本书还比较分析了不同类型产品的关系模型。分析结果显示，在不同产品类型下，各模型的性能有明显的不同，并提出了两个模型选择策略，可依据不同的衡量指标选择最合适的模型。最后，基于合适的模型，分析了不同产品的评论密度分布和评论密度的变化趋势。研究结果发现，样本中60%的产品，其评论密度不是稳定不变的，当产品的购买数量较少时，评论密度相对较高，而购买数量较大时，评论密度会相对较低。本书的研究结果为商家针对不同的产品类型制定评论奖励策略以提高产品的评论密度提供了建议，最终为基于网络口碑的产品排序提供了数据支持，提高了排序结果的可靠性。

（3）采用数据驱动的关系模型构建的研究思路，基于大量的真实数据分别构建了评论数量与价格的关系模型，并发现了不同产品之间的评论数量与价格的复杂关系。对产品进行分类，分析了不同种类的产品评论数量与价格关系模型的差异，并基于关系模型对具体的关系进行了分析。研究结果发现没有一个通用的关系能适用于所有产品种类的评论数量与价格的关系。但评论数量与价格之间最可能存在的关系有单调递减、不对称的U形和不对称的倒U形关系。不同产品种类之间关系存在明显不同。例如，对于一部分高涉入度产品，评论数量与价格之间可能存在倒U形关系。通过关系分析可知，零售价格的上涨并不总是会导致消费者评论数量的下降，对于样本中38％的产品，当价格提高到一定水平时，评论的数量将随着价格的上升而增加。最后，基于找到的关系，为商家提供了针对不同的产品类型策略性地调整零售价格，促进更多的评论数据产生的建议，提高排序结果的可靠性。

最终，本书通过对基于网络口碑的产品排序研究，从设计科学的角度，在现有的社会化电子商务模式的基础上，设计了一个网络口碑生成、挖掘和传播模式，提高了目前在线评论系统的有效性。该模式不仅可以促进更多的在线评论的生成，同时还克服了评论数据过载给用户带来的决策障碍，用户不用花大量的时间阅读评论，而是可以基于准确、可靠的产品网络口碑的挖掘结果，快速地评估产品或服务质量，提高决策效率。此外，这一模式还有助于平台传播和推送产品的网络口碑挖掘结果，帮助消费者和商家快速制定正确的决策，增加用户黏性，促进电商行业健康、高效地可持续发展。

6.2 创新点

本研究旨在基于网络口碑对产品进行排序，为达到这一目的，本书从方法层面提出了一种产品排序方法集成多种异构评论数据，该方法可提高排序结果的准确性。同时，为使基于网络口碑的产品排序更具可靠性，本书从数据层面分析了产品的评论密度和产品价格变动对评论数量

的影响作用。基于以上内容本研究的主要创新点归纳如下:

(1)提出了一种集成多种异构评论数据进行产品排序的方法。

为充分利用互联网环境下异构数据带来的信息优势,本书综合有效评论数据来挖掘产品的网络口碑,首次引入了产品的对比投票数据,并将其与数字评级和文本评论(包括评论情感和比较句子)数据集成,弥补了以往排序方法只利用有限种类评论数据所带来的缺陷,得到的整体排序结果精度显著提高。在建模过程中,将所获的异构信息划分为描述信息和比较信息两类,并用图模型进行表示,其中节点表示产品的描述性口碑,边表示产品的对比口碑。基于图模型,提出了一种新的产品网络口碑量化算法,采用迭代算法求解口碑分值,理论证明算法收敛,该算法为网络口碑挖掘方法研究提供了一个新的途径,同时也扩展了异构数据集成的方法研究。利用所提方法开发的基于口碑分值的产品排序原型系统,为深入研究网络口碑的相关问题提供了一个可视化工具。

(2)发现了不同产品评论密度的分布及其变化趋势。

为获取已销售产品的评论情况,本书通过构建评论数量与购买数量的关系模型,得到了产品的评论密度即评论数量与购买数量的比值。针对不同产品,分析了评论密度的分布和变化趋势。对于评论数量与购买数量关系的建立,提出了数据驱动的关系模型的构建思路,采用符号回归方法从真实数据中智能地得出评论数量与购买数量的关系模型,该方法有效弥补了提前假设模型方法的不足,扩展了关系模型的研究范式。在处理大数据时,该方法不仅能够提高数据分析效率,同时还能减轻从海量数据中发现完整知识的沉重负担。本书的实验结果展示了各种产品的评论密度,丰富了对消费者购后评论行为的解析和建模的相关研究。该研究为商家通过奖励机制获取更多的评论数据提供了科学依据,而大量的评论也为挖掘真实、客观的产品网络口碑提供了保障。

(3)发现了产品价格与评论数量的复杂关系。

产品价格作为一种刺激手段对消费者的评论行为有重要影响。本书利用数据解析方法,通过对产品价格与评论数量关系的研究,探讨了价格改变时消费者评论行为的变化状况,拓展了商家刺激手段与用户生成内容之间的关系研究。基于真实数据建立了产品零售价格与评论数量的

关系模型，从中发现，评论数量与价格之间存在单调递减、不对称 U
形、不对称倒 U 形等复杂的关系，同时还发现不同产品种类零售价格与
评论数量关系的差异，填补了评论和产品零售价格之间的关系研究的空
白。这些关系的发现为商家设计相应的机制或制定决策以获得更多的评
论数据提供了客观依据。

6.3 展望

本书对基于在线评论数据的网络口碑挖掘进行了研究，探讨了网络
口碑挖掘方法，以及产品的评论密度和产品价格变动对评论数量的影响
作用，虽取得了一定的研究成果，但仍存在一些问题需要进一步完善：

（1）在提出的网络口碑挖掘方法中，对各评论信息的相对重要性没
有深入地分析和探讨，同时，对在线评论内容的文本挖掘方法和效果也
没有展开更深入的研究，未来可以对这些问题进行研究，进一步提高网
络口碑挖掘的效果。关于多源评论数据的集成本书尚未涉及，有待进一
步研究。

（2）在产品评论密度的研究中，每个产品类型下包含的产品种类数
较少，在未来的研究中可以收集更多的产品种类数据，对不同的产品类
型进行更深入和更详细的分析。符号回归方法作为一种计算智能的方
法，与传统回归方法存在很大的差异，如何将符号回归方法与传统回归
方法结合进行分析，扩展该方法在社会科学研究中的适用性，也是未来
研究的一个方向。

（3）在评论数量与价格的影响关系研究中，除了价格之外，还有影
响在线评论的各种因素，本书只关注价格，在将来的研究中，可将本书
提供的基础模型结构扩展为包含更多变量的模型，更深入地分析相关因
素对在线评论的交互影响。同时，网络口碑挖掘结果的传播和推送策
略，有着重要的现实意义，在将来的研究中也可以进一步分析。

主要参考文献

[1] HO-DAC N N, CARSON S J, MOORE W L.The effects of positive and negative online customer reviews：Do brand strength and category maturity matter [J]. Journal of Marketing, 2014, 77 (6)：37-53.

[2] GOH K Y, HENG C S, LIN Z.Social media brand community and consumer behavior：Quantifying the relative impact of user-and marketer-generated content [J]. Information Systems Research, 2013, 24 (1)：88-107.

[3] LÓPEZ M, SICILIA M.eWOM as source of influence：The impact of participation in eWOM and perceived source trustworthiness on decision making [J]. Journal of Interactive Advertising, 2014, 14 (2)：86-97.

[4] PARK D, LEE H, HAN J I.The effect of on-line consumer reviews on consumer purchasing intention：The moderating role of involvement [J]. International Journal of Electronic Commerce, 2007, 11 (4)：125-148.

[5] PUMAWIRAWAN N, DE PELSMACKER R, DENS N.Balance and sequence in online reviews：How perceived usefulness affects attitudes and intentions [J]. Journal of Interactive Marketing, 2012, 26 (4)：244-255.

［6］　ZHU F，ZHANG X.Impact of online consumer reviews on sales：The moderating role of product and consumer characteristics［J］．Journal of Marketing，2010，74（2）：133-148．

［7］　PAUL M.Power Reviews 2010 Social Shopping Study | Top Line Results ［EB/OL］．［2019-10-14］．http：//digitalintelligencetoday.com/2010-social-shopping-study-top-line-results/．

［8］　LUCA M.Reviews，reputation，and revenue：The case of Yelp.com ［R］．Boston：Harvard Business Review，2011．

［9］　DECKER R，TRUSOV M.Estimating aggregate consumer preferences from online product reviews［J］．International Journal of Research in Marketing，2010，27（4）：293-307．

［10］　HENNIG-THURAU T，GWINNER K P，WALSH G，et al.Electronic word-of-mouth via consumer-opinion platforms：What motivates consumers to articulate themselves on the internet［J］．Journal of Interactive Marketing，2004，18（1）：38-52．

［11］　CHEUNG C M K，LEE M K O.What drives consumers to spread electronic word of mouth in online consumer-opinion platforms［J］．Decision Support Systems，2012，53（1）：218-225．

［12］　FENG J，PAPATLA P.Advertising：Stimulant or suppressant of online word of mouth［J］．Journal of Interactive Marketing，2011，25（2）：67-76．

［13］　CHEN Y，FAY S，WANG Q.The role of marketing in social media：How online consumer reviews evolve［J］．Journal of Interactive Marketing，2011，25（2）：85-94．

［14］　BRONNER F，HOOG R DE.Vacationers and eWOM：Who posts，and why，where，and what［J］．Journal of Travel Research，2011，50（1）：15-26．

［15］　CHU S C，KIM Y.Determinants of consumer engagement in electronic Word-of-Mouth（eWOM）in social networking sites［J］．International Journal of Advertising，2011，30（1）：47-75．

［16］　LOVETT M，PERES R，SHACHAR R.On brands and word-of-mouth［J］．Journal of Marketing Research，2013，50（4）：427-444．

［17］　AMBLEE N，BUI T.Harnessing the influence of social proof in online shopping：The effect of electronic word of mouth on sales of digital microproducts［J］．International Journal of Electronic Commerce，2011，

16 (2): 91-113.

[18] YANG J, KIM W, AMBLEE N, et al. The heterogeneous effect of WOM on product sales: Why the effect of WOM valence is mixed [J]. European Journal of Marketing, 2012 (46): 1523-1538.

[19] KIM S H, PARK N, PARK S H. Exploring the effects of online word of mouth and expert reviews on theatrical movies' box office success [J]. Journal of Media Economics, 2013, 26 (2): 98-114.

[20] LIANG T P, LI X, YANG C T, et al. What in consumer reviews affects the sales of mobile apps: A multifacet sentiment analysis approach [J]. International Journal of Electronic Commerce, 2015, 20 (2): 236-260.

[21] JIN S A, PHUA J. Following celebrities' tweets about brands: The impact of twitter-based electronic word-of-mouth on consumers' source credibility perception, buying intention, and social identification with celebrities [J]. Journal of Advertising, 2014, 43 (2): 181-195.

[22] CHEUNG M, LUO C, SIA C. Credibility of electronic word-of-mouth: Informational and normative determinants of online consumer recommendations [J]. International Journal of Electronic Commerce, 2009, 13 (4): 9-38.

[23] KU Y C, WEI C P, HSIAO H W. To whom should I listen? Finding reputable reviewers in opinion-sharing communities [J]. Decision Support Systems, 2012, 53 (3): 534-542.

[24] MORAN G, MUZELLEC L. eWOM credibility on social networking sites: A framework [J]. Journal of Marketing Communications, 2014, 23 (2): 1-13.

[25] ARNDT J. Role of product-related conversations in the diffusion of a new product [J]. Journal of Marketing Research, 1967, 4 (3): 291-295.

[26] BROWN J J, REINGEN P H. Social ties and word-of-mouth referral behavior [J]. Journal of Consumer Research, 1987, 14 (3): 350-362.

[27] MCFADDEN D L, TRAIN K E. Consumers' evaluation of new products: Learning from self and others [J]. Journal of Political Economy, 1996, 104 (4): 683-703.

[28] STEFFES E M, BURGEE L E. Social ties and online word of mouth [J]. Internet Research, 2009, 19 (1): 42-59.

[29] 陈明亮. 在线口碑传播原理 [M]. 杭州: 浙江大学出版社, 2009.

[30]   HANSON W A.Principles of internet marketing [M]. Cincinnati: South-
       Western College Publishing, 2002.

[31]   LEE J, PARK D H, HAN I.The effect of negative online consumer re-
       views on product attitude: An information processing view [J]. Elec-
       tronic Commerce Research and Applications, 2008, 7 (3): 341-352.

[32]   SENECAL S, NANTEL J.The influence of online product recommenda-
       tions on consumers' online choices [J]. Journal of Retailing, 2004,
       80 (2): 159-169.

[33]   DELLAROCAS C.The digitization of word of mouth: Promise and chal-
       lenges of online feedback mechanisms [J]. Management Science,
       2003, 49 (10): 1407-1424.

[34]   CELSO D M, ROSSI C A V.Word-of-Mouth communications in market-
       ing: A meta-analytic review of the antecedents and moderators [J].
       Journal of the Academy of Marketing Science, 2008, 36 (4): 578-
       596.

[35]   LEE J, LEE J N.Understanding the product information inference pro-
       cess in electronic word-of-mouth: An objectivity-subjectivity dichotomy
       perspective [J]. Information & Management, 2009, 46 (5): 302-
       311.

[36]   BICKART B, SCHINDLER R.Internet forums as influential sources of
       consumer information [J]. Journal of Interactive Marketing, 2001, 15
       (3): 31-40.

[37]   HUANG J H, CHEN Y F.Herding in online product choice [J]. Psycholo-
       gy and Marketing, 2006, 23 (5): 413-428.

[38]   ZHANG W, WATTS S A.Capitalizing on content: Information adoption in
       two online communities [J]. Journal of the Association for Information
       Systems, 2008, 9 (2): 73-94.

[39]   CHU S C, KAMAL S.The effect of perceived blogger credibility and argu-
       ment quality on message elaboration and brand attitudes: An explorato-
       ry study [J]. Journal of Interactive Advertising, 2008, 8 (2): 26-37.

[40]   LEE M, YOUN S.Electronic word of mouth (eWOM): How eWOM
       platforms influence consumer product judgment [J]. International Jour-
       nal of Advertising: The Quarterly Review of Marketing Communications,
       2009, 28 (3): 473-499.

[41]   RIEGNER C.Word of mouth on the web: The impact of Web 2.0 on con-

sumer purchase decisions [J]. Journal of Advertising Research, 2007, 47 (4): 436-447.

[42] GUPTA P, HARRIS J. How eWOM recommendations influence product consideration and quality of choice: A motivation to process information perspective [J]. Journal of Business Research, 2005, 63 (9-10): 1041-1049.

[43] SEN S, LERMAN D. Why are you telling me this? An examination into negative consumer reviews on theWeb [J]. Journal of Interactive Marketing, 2007, 21 (4): 76-94.

[44] SHER P, LEE S. Consumer skepticism and online reviews: An elaboration likelihood model perspective [J]. Social Behavior and Personality, 2009, 37 (1): 137-144.

[45] 李宗伟, 张艳辉, 栾东庆. 哪些因素影响消费者的在线购买决策? ——顾客感知价值的驱动作用 [J]. 管理评论, 2017, 29 (8): 136-146.

[46] 张艳丰, 彭丽徽, 洪闯. 在线用户追评行为时间序列关联特征实证研究——以京东商城手机评论数据为例 [J]. 情报理论与实践, 2019, 42 (3): 139-145.

[47] 雷兵, 钟镇. B2C商城畅销电子图书的分布特征与在线评论解析——以京东为例 [J]. 图书情报工作, 2018, 62 (21): 53-61.

[48] GHOSE A, IPEIROTIS P G. Designing novel review ranking systems: Predicting the usefulness and impact of reviews [C]. Proceedings of the 9th International Conference on Electronic Commerce, Minneapolis, 2007: 303-310.

[49] PARK S, VANHONACKER W. The challenge for multinational corporations in China: Think local, act global [J]. MIT Sloan Management Review, 2007 (48): 8-15.

[50] DU W, TAN S. Building domain-oriented sentiment lexicon by improved information bottleneck [C]. Proceeding of the 18th ACM conference on Information and Knowledge Management (CIKM), 2009: 1749-1752.

[51] AWAD N F, RAGOWSKY A. Establishing trust in electronic commerce through online word of mouth: an examination across genders [J]. Journal of Management Information Systems, 2008, 24 (4): 101-121.

[52] CHEUNG C M K, LEE M K O, RABJOHN N. The impact of electronic

word-of-mouth: The adoption of online opinions in online customer communities [J]. Internet Research, 2008, 18 (3): 229-247.

[53] DOH S J, HWANG J S.How consumers evaluate eWOM (electronic word-of-mouth) messages [J]. Cyberpsychology & Behavior, 2009, 12 (2): 193-197.

[54] GAURI D, BHATNAGAR A, RAO R.Role of word of mouth in online store loyalty, association for computing machinery [J]. Communications of the ACM, 2008, 51 (3): 89-91.

[55] LIU R, ZHANG W.Informational influence of online customer feedback: An empirical study [J]. Database Marketing & Customer Strategy Management, 2010, 17 (2): 120-131.

[56] KELLER E, FAY B.Word-of-mouth advocacy: A new key to advertising effectiveness [J]. Journal of Advertising Research, 2012, 52 (4): 459-464.

[57] HEVNER A R, MARCH S T, PARK J.Design science in information systems research [J]. MIS Quarterly, 2004, 28 (1): 75-105.

[58] LIU B.Web数据挖掘 [M]. 俞勇, 等译. 北京: 清华大学出版社, 2009.

[59] BETTMAN J, JOHNSON E, PAYNE J.A componential analysis of cognitive effort in choice [J]. Organizational Behavior and Human Decision Processes, 1990, 45 (1): 111-139.

[60] TVERSKY A, KAHNEMAN D.Judgment under uncertainty: Heuristics and biases [J]. Science, 1974 (185): 1124-1131.

[61] HU N, KOH N, REDDY S.Rating lead you to the product, reviews help you clinch it? The mediating role of online review sentiments on product sales [J]. Decision Support System, 2014 (57): 42-53.

[62] DUAN W, GU B, WHINSTON A.Informational cascades and software adoption on the Internet: An empirical investigation [J]. MIS Quarterly, 2009, 33 (1): 23-48.

[63] CHEVALIER J, MAYZLIN D.The effect of word of mouth on sales: Online book reviews [J]. Journal of Marketing Research, 2006, 43 (3): 345-354.

[64] CHINTAGUNTA P, GOPINATH S, VENKATARAMAN S.The effects of online user reviews on movie box office performance: Accounting for sequential rollout and aggregation across local markets [J]. Marketing Science, 2010, 29 (5): 944-957.

[65] CLEMONS E, GAO G, HITT L.When online reviews meet hyper differentiation: A study of the craft beer industry [J]. Journal of Management Information Systems , 2006, 23 (2): 149-171.

[66] DUAN W, GU B, WHINSTON A.Do online reviews matter? An empirical investigation of panel data [J]. Decision Support System, 2008, 45 (4): 1007-1016.

[67] LIU Y.Word-of-mouth for movies: Its dynamics and impact on box office revenue [J]. Journal of Marketing, 2006, 70 (3): 74-89.

[68] GHOSE A, IPEIROTIS P.Estimating the helpfulness and economic impact of product reviews: Mining text and reviewer characteristics [J]. IEEE Transactions on Knowledge and Data Engineering, 2011, 10 (23): 1498-1512.

[69] ARCHAK N, GHOSE A, IPEIROTIS G.Deriving the pricing power of product features by mining consumer reviews [J]. Management Science, 2011, 57 (8): 1485-1509.

[70] ELIASHBERG J, HUI S, ZHANG Z.From storyline to box office: A new approach for green-lighting movie scripts [J]. Management Science, 2007, 53 (6): 881-893.

[71] NETZER O, FELDMAN R, GOLDENBERG J, et al.Mine your own business: Market-structure surveillance through text mining [J]. Marketing Science, 2012, 31 (3): 521-543.

[72] 王伟, 王洪伟. 特征观点对购买意愿的影响: 在线评论的情感分析方法 [J]. 系统工程理论与实践, 2016, 36 (1): 63-76.

[73] GODES D, MAYZLIN D.Using online conversation to study word of mouth communications [J]. Marketing Science, 2004, 23 (4): 545-560.

[74] WANG H, LU Y, ZHAI C.Latent aspect rating analysis on review text data: A rating regression approach [C]. Proceedings of the 16th ACM SIGKDD International Conference on Knowledge Discovery and Data Mining, 2010: 783-792.

[75] ZHANG S, MARKMAN A.Processing product unique features: Alignability and involvement in preference construction [J]. Journal of Consumer Psychology, 2001 (11): 13-27.

[76] JINDAL N, LIU B.Identifying comparative sentences in text documents [C]. Proceedings of the 29th Annual International ACM SIGIR Confer-

ence on Research and Development on Information Retrieval, 2006:
244-251.

[77] HAUBL G, TRIFTS V.Consumer decision making in online shopping envi-
ronments: The effects of interactive decision aids [J]. Marketing Sci-
ence, 2000, 19 (1): 4-21.

[78] XU K, LIAO S, LI J, et al.Mining comparison opinions from consumer
reviews for competitive Intelligence [J]. Decision Support System,
2011, 50 (4): 743-754.

[79] JINDAL N, LIU B.Mining comparative sentences and relations [C].
Proceedings of the 21st National Conference on Artificial Intelligence,
2006: 1331-1336.

[80] 吴晨，韦向峰. 用户评价中比较句的识别和倾向性分析 [J]. 计算机科学，
2016, 43 (6): 435-439.

[81] 周红照，侯明午，侯敏，等. 基于语义分类的比较句识别与比较要素抽取
研究 [J]. 中文信息学报，2014, 28 (3): 136-141.

[82] ZHANG K, NARAYANAN R, CHOUDHARY A.Mining online consumer
reviews for ranking products [R]. Technical Report, EECS Depart-
ment, Northwestern University, 2009.

[83] ZHANG K, NARAYANAN R, CHOUDHARY A.Voice of the customers:
Mining online customer reviews for product feature-based ranking [C].
Proceedings of 3rd Workshop on Online Social Networks, 2010.

[84] LI S, ZHA Z, MING Z.Product comparison using comparative relations
[C]. Proceedings of 11th International Conference on Special Interest
Group on Information Retrieval, 2011: 1151-1152.

[85] ZHANG Z, GUO C, GOES P.Product comparison networks for competi-
tive analysis of online word of mouth [J]. ACM Transactions on Man-
agement Information System, 2013, 3 (4): 1-22.

[86] MARY M, NATALIE G, ZACH R.Star quality: Aggregating reviews to
rank products and merchants [C]. Proceedings of the 4th International
AAAI Conference on Weblogs and Social Media, 2010: 114-121.

[87] LIU B, HU M, CHENG J.Opinion observer: Analyzing and comparing
opinions on the web [C]. Proceedings of the 14th international confer-
ence on World Wide Web, 2005: 342-351.

[88] HU M, LIU B.Opinion extraction and summarization on the web [C].
Proceedings of International Conference on American Association for Ar-

tificial Intelligence, 2006: 1621-1624.

[89] TIAN P, LIU Y, LIU M, et al.Research of product ranking technology based on opinion mining [C]. Proceedings of Second International Conference on Intelligent Computation Technology and Automation, 2009: 239-243.

[90] ZHANG K, CHENG Y, LIAO W, et al.Mining millions of review: A technique to rank products based on importance of reviews [C]. Proceedings of Association for the Advancement of Artificial Intelligence, 2011.

[91] KONG R, WANG Y, XIN W, et al.Customer reviews for individual product feature-based ranking [C]. Proceedings of International Conference on Instrumentation, Measurement, Computer, Communication and Control, 2011: 449-453.

[92] DUAN W J, BIN G, WHINSTON A B.The dynamics of online word-of-mouth and product sales—an empirical investigation of the movie industry [J]. Journal of Retailing, 2008, 84 (2): 233-242.

[93] 龚诗阳, 刘霞, 赵平. 线上消费者评论如何影响产品销量? ——基于在线图书评论的实证研究 [J]. 中国软科学, 2013 (6): 171-183.

[94] 龚诗阳, 刘霞, 刘洋, 等. 网络口碑决定产品命运吗——对线上图书评论的实证分析 [J]. 南开管理评论, 2012, 15 (4): 118-128.

[95] 石文华, 王璐, 绳娜, 等. 在线初次评论与在线追加评论对商品销量影响的比较研究 [J]. 管理评论, 2018, 30 (1): 144-153.

[96] LU X, BA S, HUANG L, FENG Y.Promotional marketing or word-of-mouth? Evidence from online restaurant reviews [J]. Information system research, 2013, 24 (3): 596-612.

[97] DELLAROCAS C, ZHANG X, AWAD N F.Exploring the value of online product reviews in forecasting sales: The case of motion pictures [J]. Journal of interactive marketing, 2007, 21 (4): 23-45.

[98] YANG S, HU M, WINER R S, et al.An empirical study of word-of-mouth generation and consumption [J]. Marketing Science, 2012, 31 (6): 952-963.

[99] YE Q, LAW R, GU B.The impact of online user reviews on hotel room sales [J]. International Journal of Hospitality Management, 2009, 28 (1): 180-182.

[100] YE Q, LAW R, GU B, et al.The influence of user-generated content on traveler behavior: an empirical investigation on the effects of e-word-

mouth to hotel online bookings ［J］. Computers in Human Behavior, 2011, 27（2）：634-639.

［101］ LEE J, LEE J N, SHIN H.The long tail or the short tail：The category-specific impact of eWOM on sales distribution ［J］. Decision Support Systems, 2011, 51（3）：466-479.

［102］ 王君珺，闫强. 不同热度搜索型产品的在线评论对销量影响的实证研究 ［C］. 长沙：第十五届中国管理科学学术年会，2013：406-411.

［103］ DELLAROCAS C, NARAYAN R.A statistical measure of a population's propensity to engage in post-purchase online word-of-mouth ［J］. Statistical Science, 2006, 21（2）：277-285.

［104］ SHEN W, HU Y J, REES U J.Competing for attention：An empirical study of online reviewers, strategic behavior ［J］. MIS Quarterly, 2015（39）：683-696.

［105］ SUNDARAM D S, MITRA K, WEBSTER C.Word-of-mouth communications：A motivational analysis ［J］. Advances in Consumer Research, 1998（25）：527-531.

［106］ WOJNICKI A, GODES D.Signaling success：Word of mouth as self-enhancement ［J］. Customer Needs and Solutions, 2017, 4（4）：68-82.

［107］ ANDERSON E W.Customer satisfaction and word of mouth ［J］. Journal of Service Research, 1998, 1（1）：5-17.

［108］ BOWMAN D, NARAYANDAS D.Managing customer-initiated contacts with manufactures：The impact on share of category requirements and word-of-mouth behavior ［J］. Journal of Marketing Research, 2001, 38（3）：281-297.

［109］ SUN Y, DONG X, MCINTYREC S.Motivation of user-generated content：Social connectedness moderates the effects of monetary rewards ［J］. Marketing Science, 2017, 36（3）：329-337.

［110］ GRAHAM J, HAVLEN W.Finding the "missing link"：Advertising's impact on word of mouth, web searches and site visits ［J］. Journal of Advertising Research, 2007, 47（4）：427-435.

［111］ LI X, HITT L M.Price effects in online product reviews：An analytical model and empirical analysis ［J］. MIS Quarterly, 2010, 34（4）：809-831.

［112］ CHEN H.Intelligence and security informatics：Information systems perspective ［J］. Decision Support Systems, 2006, 41（3）：555-559.

［113］ DAVE K，LAWRENCE S，PENNOCK D.Mining the peanut gallery：Opin-ion extraction and semantic classification of product reviews［C］. New York：Proceedings of the 12th International Conference on World Wide Web，2003.

［114］ LI N，WU D.Using text mining and sentiment analysis for online forums hotspot detection and forecast［J］. Decision Support System，2010，48（2）：354-368.

［115］ LIU B.Sentiment analysis and subjectivity［J］. Handbook of Natural Lan-guage Processing，2010.

［116］ RAGHU T，CHEN H.Cyberinfrastructure for homeland security：Advanc-es in information sharing，data mining，and collaboration systems［J］. Decision Support Systems，2007，43（4）：1321-1323.

［117］ HAN J，KAMBER M.Data mining：Concepts and techniques［M］. San Francisco：Morgan Kaufmann，2011.

［118］ 黄小江，万小军，杨建武，等. 汉语比较句识别研究［J］. 中文信息学报，2008，22（5）：30-38.

［119］ 宋锐，林鸿飞，常富洋. 中文比较句识别及比较关系抽取［J］. 中文信息学报，2009，2（23）：102-107.

［120］ GRIMMETT G，STIRZAKER D. Probability and random process［M］. Oxford：Oxford University，1989.

［121］ LIAO H，XU Z，ZENG X.Hesitant fuzzy linguistic VIKOR method and its application in qualitative multiple criteria decision making［J］. IEEE Transactions on Fuzzy Systems，2015，23（5）：1343-1355.

［122］ AVNERI S，JOHN S.Product differentiation and industrial structure［J］. The Journal of Industrial Economics，1987，36（2）：131-146.

［123］ FENG J，LI X.Rising or dropping：The consumer review oriented pricing paradox［C］. Proceedings of International Conference on Information System，2011：13.

［124］ TEDESCHI B.Help for the merchant in navigating a sea of shopper opin-ions［R］. The New York Times（September 6）. http：//www. ny-times.com/2006/09/04/technology/04ecom.html.

［125］ CHEN Y，XIE J.Online consumer reviews：Word-of-mouth as a new ele-ment of marketing communication mix［J］. Management Science，2008，54（3）：477-491.

［126］ PAGE L，BRIN S，MOTWANI R，et al.The PageRank citation ranking：

Bring order to the web [M]. Palo Alto:Stanford University, 1999.

[127] KOZA J R.Genetic Programming: On the programming of computers by means of natural selection [M]. Cambridge: MIT Press, 1992.

[128] BASS F M.The future of research in marketing: Marketing science [J]. Journal of Marketing Research, 1993, 30 (February): 1-6.

[129] DOMINIQUE M H, LEONARD J P, RANDALL LS. Market response models: Econometric and time series analysis, Second edition [M]. Boston: Kluwer Academic Publishers, 2003.

[130] VLADISLAVLEVA E, FRIEDRICH T, NEUMANN F, et al. Predicting the energy output of wind farms based on weather data: Important variables and their correlation [J]. Renewable Energy, 2013, 50: 236-243.

[131] KHU S T, LIONG S, BABOVIC V, et al.Genetic programming and its application in real-time runoff forecasting [J]. Journal of the American Water Resources Association, 2001, 37 (2): 439-451.

[132] SCHMIDT M., LIPSON H.Distilling free-form natural laws from experimental data [J]. Science, 2009, 324 (5923): 81-85.

[133] CHATTOPADHYAY I, KUCHINA A, SÜEL G M, et al.Inverse Gillespie for inferring stochastic reaction mechanisms from intermittent samples [J]. Proceedings of the National Academy of Sciences, 2013, 110 (32): 12990-12995.

[134] KEMP C, TENENBAUM J B.The discovery of structural form [J]. Proceedings of the National Academy of Sciences, 2008, 105 (31): 10687-10692.

[135] YANG G, SUN T, WANG J, et al.Modeling the nexus between carbon dioxide emissions and economic growth [J]. Energy Policy, 2015 (86): 104-117.

[136] AKAIKE H.An information criterion (AIC) [J]. Math Science, 1976, 14 (153): 5-9.

[137] SCHWARZ G.Estimating the dimension of a model [J]. The Annals of Statistics, 1978, 6 (2): 461-464.

[138] HANNAN E J, QUINN B G.The determination of the order of an autoregression [J]. Journal of the Royal Statistical Society, Series B (Methodological), 1979, 41 (2): 190-195.

[139] ROBERT M S.Pricing strategies: A marketing approach [M]. SAGE publication, 2012.

[140] KIRMANI A, RAO A R.No Pain, no gain: A critical review of the literature on signaling unobservable product quality [J]. Journal of Marketing, 2000, 64 (2): 66-79.

[141] RAO A R, MONROE K B.The effects of price, brand name, and store name on buyers' perceptions of product quality: An integrative review [J]. Journal of marketing research, 1989, 26: 351-357.

[142] ANDERSON E W, SULLIVAN M.The antecedents and consequences of customer satisfaction for firms [J]. Marketing Science, 1993, 12 (2): 125-143.

[143] HU N, PAVLOU P A, ZHANG J.On self-selection biases in online product reviews [J]. MIS Quarterly, 2017, 41 (2): 449-471.

[144] KRISHNAMURTHI L, RAJ S P.An empirical analysis of the relationship between loyalty and consumer price elasticity [J]. Marketing Science, 1991, 10 (2): 172-183.

[145] ANGELIS M D, BONEZZI A, ALESSANDRO M, et al.On braggarts and gossips: A self-enhancement account of word-of-mouth generation and transmission [J]. Journal of Marketing Research August 2012, 49 (4): 551-563.

[146] SCHIFFMAN L G, KANUK L L.Consumer behavior [M]. Englewood Cliffs: Prentice-Hall, 2004.

[147] MATHWICK C, RIGDON E.Play, flow, and the online search experience [J]. Journal of Consumer Research, 2004, 31 (2): 324-332.

[148] DICHTER E.How word-of-mouth advertising works [R]. Harvard Business Review, 1966, 16: 147-166.

[149] GU B, PARK J, KONANA P.The impact of external word-of-mouth sources on retailers sales of high-involvement products [J]. Information Systems Research, 2012, 23 (March): 182-96.

[150] SIMON H A.The sciences of the artificial (3rd ed.) [M]. Cambridge: MIT Press, 1996.

[151] HEVNER A R, MARCH S T, PARK J, et al.Design science in information systems research [J]. MIS Quarterly, 2004, 28 (1): 75-105.

[152] GODES D, MAYZLIN D.Using online conversations to study word-of-mouth communication [J]. Marketing Science, 2004, 23 (4): 545-560.

[153] TRAYLOR M B.Product involvement and brand commitment [J]. Jour-

nal of Advertising Research, 1981, 21 (6): 51-56.

[154] WESTBROOK R A.Product consumption-based affective responses and post-purchase processes [J]. Journal of marketing research, 1987 (24): 258-270.

[155] LI X, HITT L M.Self selection and information role of online product reviews [J]. Information Systems Research, 2008, 19 (4): 456-474.

[156] GHOSE A, IPEIROTIS P, LI B.Designing ranking systems for hotels on travel search engines by mining user-generated and crowdsourced content [J]. Marketing Science, 2012, 31 (3): 493-520.

[157] GODES D, MAYZLIN D.Firm-created word-of-mouth communication: evidence from a field test source [J]. Marketing Science, 2009, 28 (4): 721-739.

[158] RAO V R.Pricing research in marketing: The state of the art [J]. Journal of Business, 1984, 57 (1): 39-71.

[159] KOTANCHEK M, SMITS G, VLADISLAVLEVA G.Pursuing the Pareto paradigm tournaments, algorithm variations &ordinal optimization [J]. Genetic Programming Theory and Practice, 2007 (5): 167-185.

[160] JIN Y, SENDHOFF B.Pareto-based multi-objective machine learning: An overview and case studies [J]. IEEE Systems Man and Cybernetics Society, 2008, 38 (3): 397-415.

[161] SUN M.How Does the variance of product ratings matter [J]. Management Science, 2012, 58 (4): 696-707.

[162] MARTIN J, BARRON G, NORTON M I.Choosing to be uncertain: Preferences for high variance experiences [R]. Boston: Harvard Business School, 2007.

[163] PETER J P, TARPEY L Z.A comparative analysis of three consumer decision strategies [J]. Journal of Consumer Research, 1975, 2 (1): 29-37.

[164] MOLDOVAN S, GOLDENBERG J, CHATTOPADHYAY A.The different roles of product originality and usefulness in generating word-of-mouth [J]. International Journal of Research in Marketing, 2011 (28): 109-119.

[165] GATIGNON H, XUEREB J M.Strategic orientation of the firm and new product performance [J]. Journal of Marketing Research, 1997, 34 (1): 77-90.

[166] GOLDENBERG J, MAZURSKY D, SOLOMON S. Creativity templates: Towards identifying the fundamental schemes of quality advertisements [J]. Marketing Science, 1999, 18 (3): 333-351.

[167] DERBAIX C, VANHAMME J. Inducing word-of-mouth by eliciting surprise? A pilot investigation [J]. Journal of Economic Psychology, 2003, 24 (1): 99-116.

[168] PETERS K, KASHIMA Y, CLARK A. Talking about others: Emotionality and the dissemination of socials information [J]. European Journal of Socials Psychology, 2009, 39: 207-222.

索引